新能源汽车职业教育理实一体化系列教材

新能源汽车充电桩安装与维护

主　编　姚建平
副主编　李　卓　董金山　何启仁
参　编　邓光德　罗冬林　姚　梅
　　　　陈　敏　李小青
主　审　李朝东

北京理工大学出版社
BEIJING INSTITUTE OF TECHNOLOGY PRESS

内 容 简 介

本书结合我国电动汽车的发展趋势、充电站建设及最新技术应用，系统阐述了充电桩安装与维护的相关知识和技能操作，共设计 5 个学习情境、16 个学习任务。其中，学习情境 1 为充（换）电站的认知，主要介绍充电桩和换电站的相关知识；学习情境 2 为交流充电桩的运行与维护，主要介绍交流充电桩的基本结构、工作原理、运营维护；学习情境 3 为直流充电桩的运行与维护，主要介绍直流充电桩的基本结构、工作原理、运营维护；学习情境 4 为充电桩的安装与检测；学习情境 5 为充电桩（站）常见故障的检修，主要介绍充电桩安装与检测相关的工具设备、充电桩相关国家标准和施工技术文件、充电桩测试与维护的操作步骤。

本书由校企合作共同编写，可作为中等职业院校汽车类相关专业和交通运输类相关专业的教材，也可作为相关从业人员的业务参考书和培训教材。

版权专有 侵权必究

图书在版编目（CIP）数据

新能源汽车充电桩安装与维护 / 姚建平主编 . -- 北京：北京理工大学出版社，2023.8 重印

ISBN 978-7-5763-0552-4

Ⅰ.①新… Ⅱ.①姚… Ⅲ.①电动汽车 – 充电 – 服务设施 – 设备安装②电动汽车 – 充电 – 服务设施 – 维修 Ⅳ.①U469.72②TM910.6

中国版本图书馆 CIP 数据核字（2021）第 217299 号

出版发行 /	北京理工大学出版社有限责任公司
社　　址 /	北京市海淀区中关村南大街 5 号
邮　　编 /	100081
电　　话 /	（010）68914775（总编室）
	（010）82562903（教材售后服务热线）
	（010）68944723（其他图书服务热线）
网　　址 /	http://www.bitpress.com.cn
经　　销 /	全国各地新华书店
印　　刷 /	定州市新华印刷有限公司
开　　本 /	889 毫米 × 1194 毫米　1/16
印　　张 /	12
字　　数 /	218 千字
版　　次 /	2023 年 8 月第 1 版第 2 次印刷
定　　价 /	42.00 元

责任编辑 / 陆世立
文案编辑 / 陆世立
责任校对 / 周瑞红
责任印制 / 李志强

图书出现印装质量问题，请拨打售后服务热线，本社负责调换

前言

随着我国经济社会发展水平不断提高,汽车保有量持续攀升。大力发展电动汽车,能够加快燃油替代,减少汽车尾气排放,对保障能源安全、促进节能减排、防治大气污染、推动我国从汽车大国迈向汽车强国具有重要意义。

本书的开发遵循设计导向的职业教育思想,以职业能力和职业素养培养为重点,根据行业岗位需求、新能源汽车制造与检测专业的人才培养目标和充电桩的安装与维护的教学标准选取教材内容,根据工作过程系统化的原则设计学习任务,依据人的职业成长规律编排教材内容。

通过本课程的学习,学生应学会充电桩安装与维护的基础理论知识;能够熟练操作和使用充电桩安装与检测的工具和设备;能够对交流充电桩和直流充电桩进行基础维护;掌握充电桩安装施工技术文件的识读;能够对充电桩进行性能测试。本课程旨在培养学生的学习兴趣,逐渐提高其创新精神、实践能力,以及工匠精神;培养学生运用所学知识与技能解决生产生活中相关实际问题的能力,以及安全生产、节能环保和产品质量等职业意识,使其养成良好的工作方法、工作作风和职业道德,为后续新能源汽车运用与维修专业相关课程的学习及未来的职业生涯打下坚实的基础。

本书结合我国新能源汽车的发展趋势及充电技术的发展,以新能源汽车充电桩安装与维护为核心内容。在编写过程中采用学习情境式的设计方式,每个学习情境设置了多个学习任务,并配备了一体化工单,使学习与工作紧密结合。从事新能源汽车充电桩安装调试、运行维护的技术人员可以以此为"桥梁",系统、全面地了解和掌握新能源汽车充电桩安装调试和运行维护的最新应用技术。

本书的建议学时如下,教师可根据实际情况进行调整。

学习情境	学习任务	建议学时
学习情境 1 充（换）电站的认知	学习活动 1 认知充电站	3
	学习活动 2 认知换电站	2
	学习活动 3 充电站的运营与管理	3
	学习活动 4 充电站的紧急应对措施	2
学习情境 2 交流充电桩的运行与维护	学习活动 1 认知交流充电桩	3
	学习活动 2 认知交流充电桩控制逻辑	3
	学习活动 3 交流充电桩的运行与维护	3
学习情境 3 直流充电桩的运行与维护	学习活动 1 认知直流充电桩	2
	学习活动 2 认知直流充电桩控制逻辑	2
	学习活动 3 直流充电桩的运行与维护	2
学习情境 4 充电桩的安装与检测	学习活动 1 认知充电桩的安装工具	3
	学习活动 2 充电桩安装工程施工技术的识读	2
	学习活动 3 充电桩的测试	3
学习情境 5 充电桩（站）常见故障的检修	学习活动 1 检修充电桩不能充电的故障	2
	学习活动 2 检修充电桩通信系统的故障	2
	学习活动 3 检修充电桩管理系统的故障	2

　　本书由重庆市科能高级技工学校姚建平担任主编并负责统稿，北京交通运输职业学院李卓，重庆市科能高级技工学校董金山、何启仁担任副主编，重庆市科能高级技工学校李朝东担任主审。具体编写分工如下：前言、学习情境 5 学习任务 1 由重庆市科能高级技工学校姚建平编写，学习情境 1 学习任务 1、学习任务 2 由邓光德编写，学习情境 1 学习任务 3、学习任务 4 由李小青编写，学习情境 2 学习任务 1、学习任务 2 由董金山编写，学习情境 2 学习任务 3、学习情境 3 任务 1 由何启仁编写，学习情境 3 学习任务 2、学习任务 3 由陈敏编写，学习情境 4 学习任务 1、学习任务 2 由李卓编写，学习情境 4 学习任务 3 由罗冬林编写，学习情境 5 学习任务 2、学习任务 3 由重庆市科能高级技工学校姚梅编写。

　　由于编者水平有限，书中难免存在缺点和不足之处，恳请广大读者批评指正！

编　者
2021 年 8 月

目录

学习情境1　充（换）电站的认知 ··· 1
　学习任务1　认知充电站 ··· 1
　学习任务2　认知换电站 ·· 13
　学习任务3　充电站的运营与管理 ·· 20
　学习任务4　充电站的紧急应对措施 ····································· 28

学习情境2　交流充电桩的运行与维护 ····································· 37
　学习任务1　认知交流充电桩 ··· 37
　学习任务2　认知交流充电桩控制逻辑 ·································· 51
　学习任务3　交流充电桩的运行与维护 ·································· 57

学习情境3　直流充电桩的运行与维护 ····································· 65
　学习任务1　认知直流充电桩 ··· 65
　学习任务2　认知直流充电桩控制逻辑 ·································· 73
　学习任务3　直流充电桩的运行与维护 ·································· 81

学习情境 4　充电桩的安装与测试 ……………………………… 85

学习任务 1　认知充电桩的安装工具 …………………………… 85
学习任务 2　充电桩安装工程施工技术的识读 ………………… 97
学习任务 3　充电桩的测试 …………………………………… 104

学习情境 5　充电桩（站）常见故障的检修 …………………… 116

学习任务 1　检修充电桩不能充电的故障 ……………………… 116
学习任务 2　检修充电桩通信系统的故障 ……………………… 121
学习任务 3　检修充电桩管理系统的故障 ……………………… 125

参考文献 …………………………………………………………… 130

学习情境 1

充（换）电站的认知

学习任务 1 认知充电站

> **学习目标**
>
> 1. 掌握充电系统基本术语。
> 2. 了解主流电动汽车续航里程。
> 3. 了解电动汽车常见充电方式。
> 4. 掌握电动汽车充电站构成。

1.1.1 充电系统基本术语

动力电池认知

1. 交流充电

交流充电（AC charging）指通过交流电对带充电系统的新能源汽车的动力电池组充电。进行交流充电时，车辆的车载充电器必须将交流电整流成直流电，并调节充电电压，使其符合动力电池组的要求,如图 1-1-1 所示。

2. 直流充电

直流充电(DC charging)指通过直流电对带充电系统的新能源汽车的动力电池组充电。进行直流充电时,直流电被输送到动力电池组,由充电站来调整动力电池组的充电电压,如图 1-1-2 所示。

图 1-1-1 交流充电

图 1-1-2 直流充电

3. 充电器

充电器(charger)指将电气设备或其他电能供应设备输出的交流电,转变成直流充电电流的设备。车载充电器安装在车辆上,而非车载充电器则是电动汽车供电设备(Electric Vehicle Supply Equipment,EVSE)的一部分,如图 1-1-3 所示。

4. 充电插头

充电插头(charge connector)即充电枪,插入汽车充电端口对动力电池组充电。在北美地区,一级和二级充电插头遵循 SAE 标准 J1772,该标准规定了充电插头的形状、电路和通信协议。充电插头如图 1-1-4 所示。

图 1-1-3 电动汽车车用充电器

图 1-1-4 充电插头

5. 充电口或充电插口

充电口（charging port）或充电插口（charge inlet）指安装在电动汽车及插电式混合动力汽车上的电气插座，通常位于保护盖后面。充电口或充电插口的技术标准必须与插入车辆的充电插头一致，才能进行充电。充电口或充电插口如图1-1-5所示。

6. 充电电缆

充电电缆（charging cable）是一级交流充电的便携式充电装置，其一端插入车辆，另一端插入220V墙壁插座，如图1-1-6所示。

图1-1-5 充电口或充电插口

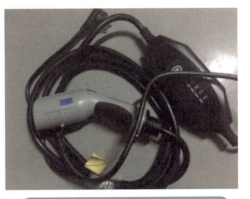

图1-1-6 充电电缆

7. 充电桩

充电桩（charging station）是一种用来将电能输送到插电式混合动力汽车或纯电动汽车的固定设备，通常安装在家庭车库、工作地点、停车装置或公共区域。充电站可能像220V电气插座那样简单，也可能是适合多种车型、多种充电标准的复杂充电装置。一些公共充电站可免费使用，有些则需缴费，并由专人操作，如图1-1-7所示。

图1-1-7 充电桩

1.1.2 电动汽车的分类

电动汽车按动力供给方式和结构不同，可以分为燃料电池电动汽车、混合动力汽车和纯电动汽车。

电动汽车的分类

1. 燃料电池电动汽车

燃料电池电动汽车（Fuel Cell Electric Vehicle，FCEV）是使用甲醇、氢和其他燃料经过化学反应发电，经过电动机带动车辆运行的汽车。电池的能量来自氢和氧的化学反应将化学能转化成的电能,如图1-1-8所示。

代表车型:丰田Mirai和本田Clarity。

图1-1-8 燃料电池电动汽车

2. 混合动力汽车

混合动力汽车(Hybrid Electric Vehicle,HEV)指同时使用传统燃料的发动机和电动机配合驱动的车型。混合动力汽车蓄电池由发电机提供能量进行充电,所以通常电池容量较小。混合动力汽车具有制动能量回收系统,在车辆制动时可将动能转化为电能存储在动力电池中,减少能量损失,因此油耗较低。丰田普锐斯是典型的混合动力汽车,如图1-1-9所示。

代表车型:丰田普锐斯、雷凌、卡罗拉。

图1-1-9 混合动力汽车

3. 纯电动汽车

纯电动汽车(Battery Electric Vehicle,BEV)完全由电池提供电力驱动车辆运行。因为只有电池提供能量,只有电动机提供动力驱动汽车,所以这种车辆在行驶过程中可以实现零排放,也是我国大力推广的新能源汽车,如图1-1-10所示。

代表车型:特斯拉系列,蔚来ES8,日产聆风,宝马i3,比亚迪e6、e5、秦EV,北汽EV系列,江淮iEV系列,上汽E50及各大城市的纯电动公交车。

图 1-1-10 纯电动汽车

在世界范围内，日本在燃料电池电动汽车领域发展较快，已经初具规模；美国则选择插电式混合动力汽车为主要研究方向；德国近期在纯电动汽车领域大显身手。我国新能源汽车在政府的主导下，以纯电动汽车为主要研究方向，发展势头较好，涌现出一批优秀的国产品牌，如比亚迪、北汽新能源、广汽新能源等。这些企业都具有自主研发的核心竞争力，为我国在新能源汽车领域实现弯道超车提供了机会。

1.1.3 主流电动汽车续航里程

近年来，电动汽车续航里程大幅增加，基本上每年都有一定的跨越。2017 年，纯电动汽车续航里程基本为 150~200km，2018 年基本超过 300km。2019 年推出的纯电动汽车续航里程基本超过 400km，不少高续航版本都达到了 500km，如吉利几何 A、广汽传祺 AionS、蔚来的 ES6 等。常见国产电动汽车等速续航里程如表 1-1-1 所示。

表 1-1-1　常见国产电动汽车等速续航里程

车企	车型	车型类别	续航/km
威马汽车	威马 EX5	SUV	460
腾势	腾势 500	SUV	451
比亚迪	比亚迪 E6	MPV	450
国金汽车	国金 GM3	MPV	430
比亚迪	秦 ProEV	轿车	420
北汽新能源	北汽 EU5	轿车	416
东风柳汽	景逸 S50EV	轿车	410
广汽新能源	祺智 EV	SUV	410
比亚迪	比亚迪 E5	轿车	405
东风汽车	俊风 E17	轿车	405

1.1.4 电动汽车充电方式

目前，按电动汽车充电速度及充电方式的差异，将电动汽车的充电模式划分为常规充电模式、快速充电模式和更换电池组充电模式（换电模式）。另外，随着现代科学技术的不断改进，无线快速充电、移动充电等新型充电方式也逐渐兴起。

1. 常规充电模式

常规充电模式是当前应用较为广泛一种充电模式。由于充电效率并不高，充电时间相对较长，常规充电模式也被称为慢速充电模式。常规充电模式分布相对较为广泛，不仅公共充电站会配备一定数量的充电桩，家庭所使用的充电桩一般也是常规充电模式的充电桩。电动汽车在生产过程中会为车辆配备相应的充电设备，在电池组电量不足的情况下可直接与充电桩上的设备相连接，实现电力的传输。常规充电模式虽然消耗的时间比较长，但是对充电网络电压的要求并不高，对于广大用户而言，具有一定的适用性和经济性，其充电模式如图1-1-11所示。

图 1-1-11 常规充电模式

2. 快速充电模式

快速充电模式是指在较短的时间内对电动汽车实现电力的传输，在充电过程中充电电流较大，充电的效率较高，主要作为一种应急充电模式，如图1-1-12所示。由于快速充电模式中的电流较大，对于充电网络的要求相对较高。同时，快速充电站的建设成本也相对较高，建设难度相对较大。另外，在短时间内对电动汽车实现大电流补给，会对电动汽车的电池组产生一定的损伤，从而降低电池组的使用寿命。

3. 更换电池组充电模式（换电模式）

更换电池组充电模式（换电模式）也称为机械充电模式，该种模式主要是在电动汽车电池组电量消耗殆尽或电量较低时，将消耗殆尽或电量较低的电池组拆卸下来，更换为已充满电的电池组，以保障车辆的正常运行。然后对拆卸下来的电池组进行充电，以便下次使用。更换电池组的时间消耗仅为几分钟左右，极大地提高了工作效率，同时也有效避免了快速充电对充电网络电压要求过高、大电流充电对电池组损伤过大的问题。更换电池组充电模式（换电模式）如图1-1-13所示。

图 1-1-12 快速充电模式

图 1-1-13 更换电池组充电模式（换电模式）

4. 无线充电模式

无线充电模式是指不依靠电流传输电缆，通过感应的方式实现对电动汽车电池组的充电。采用该种模式进行充电时，车辆和充电站都应配备相应的感应设备，以实现不依靠电缆的电流传输。目前使用最多的是通过电磁感应的方式进行无线充电，在此过程中，需要将车辆停放至指定位置，通过车辆与充电站的电磁感应装置实现信息交换，建立无线的电流传输通道。但是，此项技术并不完善，仍存在诸多不足与不便，因此并未得到大力的推广。无线充电模式如图 1-1-14 所示。

5. 移动充电模式

与其他充电模式相比，移动充电模式对其技术提出了更高的要求，车辆在运行过程中，可以不用停车直接与地面系统建立电流传输通道，实现了在运行中充电。为了实现电动汽车在运行中充电，需要在运行道路上铺设相应的充电线路。其中，一种方式是接触式的充电，通过车辆与道路的接触元件进行充电；另一种方式是感应式的充电，在道路上铺设感应线圈，通过车辆感应设备与感应线圈进行信息交换实现充电。但是由于该项技术并不成熟，并且在道路上铺设充电设施的成本较高，该种方式并未得到广泛推广和使用。移动充电模式如图 1-1-15 所示。

图 1-1-14 无线充电模式

图 1-1-15 移动充电模式

1.1.5 电动汽车充电站构成

电动汽车充电站是能够为电动汽车补充电能的场所,一般包括供电系统、充电系统、监控系统和配套设施,如图1-1-16所示。

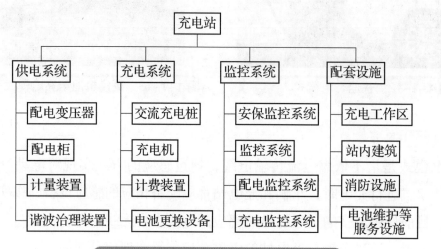

图1-1-16 充电站系统的组成

其中,供电系统主要将电能转化成可以为电动汽车充电的状态,为充电做准备;充电系统主要为电动汽车直接充电,并进行计费;监控系统主要负责监控配电和充电,确保安全有序进行;配套设施主要为电动汽车提供充电场所和后勤保障。

一般来说,大型充电站和中型充电站需要装设配电变压器,并且由至少两路电源供电,而小型充电站不需要装设变压器,一路供电就能满足其需求。充电站中的充电设备必须采用统一的电气接口、通信规约等相关技术标准,从而节省运营成本。

1. 充电站供电系统

充电站供电系统提供电动汽车充电所需要的电能,并且保障电动汽车充电站正常运行用电。根据电动汽车的动力蓄电池容量、充电时的电压和电流设备、车辆数量等数据的不同,充电系统总容量可能达到兆伏安级以上,此时需要采用10kV甚至35kV以上高压供电方式为充电系统供电。高压供电经变压器转换为380V的低压动力电源,再分配给充电机及其他辅助设备。

2. 充电站充电系统

充电站充电系统的功能是提供满足电动汽车充电标准的电源,实现其快速、便捷的充电,是整个充电站的核心部分。

充电系统必须能够满足各种类型的充电要求,从而提供快速便捷的充电服务,主要包括充电机、充电桩、计费设备等。充电计量和充电过程控制关联,通过充电桩人机接口可选择"即到即充""定时充电""按容量充电"等充电方式。

直流充电设备和电动汽车之间的计量采用直流计量，设置多功能直流电能表，利用直流电能表对充电过程进行计量，并通过充电机监控器下发给充电桩人机接口，同时将充电计量信息进行显示和保存。

在交流充电机上设置智能交流电度表，准确度等级为有功 0.5S 级。通过 RS485/CAN 通信方式将计量信息传递给充电机监控器，并通过充电机监控器下发给充电桩人机接口，同时将充电计量信息进行显示和保存。

3. 充电站监控系统

充电站监控系统包含供电、充电、安防等监测，用来保障其安全可靠运行。对充电站的监控可以对充电站不正常运行状态做出迅速快捷的响应，防止事故发生。电动汽车充电站监控系统的网络结构分为以下三层。

（1）第一层为远程监控中心，包括数据服务器、Web 服务器和监控主机等设备。
（2）第二层为监控工作站，包括数据处理和数据传输模块。
（3）第三层为充电站的各监控终端子系统，包括配电监控、充电监控、烟雾监视、温湿度监测和视频监视等监控子系统。

4. 充电站配套设施

配套设施主要包括充电工作区、站内建筑、标志设施、安防监控设施、消防设施及电池维护、客户休息服务设施。充电站内应包括行车道、停车位、监控室、休息室、卫生间等必要的辅助服务设施。

1.1.6 电动汽车充电站布局选址原则

1. 与车辆充电需求分布一致

由于当前电动汽车发展技术有限，对于电动汽车的使用并不十分广泛，其主要应用于出租车及租赁汽车服务，个人主要用于短途交通出行，部分地区政府及公司也将电动汽车作为公务用车使用。当前较为常用的电动汽车充电模式包括常规充电模式、快速充电模式及更换电池组充电模式。随着电动汽车使用数量的增加，电量的消耗也在不断增长，对于充电需求也越来越强烈。因此，在布设电动汽车充电站时，应充分考虑电动汽车的充电需求。电动汽车使用频率越高、出行次数越多的地区，对充电需求越大，在该处合理位置布设充电站的意义就越大。但是，也不可过多建设充电站点，应根据实际充电需求进行布设，设置过多会造成资源浪费，不利于社会的可持续发展。总而言之，电动汽车充电站的布局选址应充分考虑充电需求的大小，应与充电需求相平衡。

2. 满足充电站服务半径要求

电动汽车充电站作为一种服务设施，具有一定的服务半径，能够满足一定范围内的电动汽车充电需求。当电动汽车电池组电量消耗殆尽或电量不足时，用户会选择较近的充电站为电动汽车进行电量的补给。若充电站距离充电需求点较远，用户会放弃采用该处充电站进行充电，电动汽车就无法实现充电需求，因此在充电需求区域设置充电站是十分必要的。但是，充电设施的数量也应与充电需求相平衡，在充电需求较小的区域设置过多的充电设施会造成部分充电设施的闲置，从而造成社会资源的浪费。因此，在对电动汽车充电站进行布局选址的过程中，既要考虑为服务范围内的用户提供便捷的充电服务，也要考虑对充电设施进行合理的资源配置。我国在电动汽车发展方面起步较晚，在电动汽车充电站服务半径方面的研究较为缺乏，但充电站的性质与加油站性质相似，都是为车辆的运行提供动力源泉，因此在考虑充电站服务范围时可以参考加油站的服务半径，即可以采用0.9~1.2km的服务半径来进行研究。

3. 满足城市总体规划和路网规划要求

随着电动汽车的不断推广，电动汽车充电站作为基础设施的作用越来越突出，因此在对电动汽车充电站进行布局选址时应与城市规划相结合，满足城市规划中的各项条件。另外，在对电动汽车充电站布局规划时应充分参考城市规划建设部门的意见，与城市的发展趋势相结合，避免在布局选址中重复布设。同时也要防止建设滞后的问题，与城市发展速度不相适应不但不利于城市的可持续发展，也不利于电动汽车的推广和使用。

4. 充分考虑本区域的输配电网现状

电动汽车充电站的正常运行需要建设区域内配电网络的电量供给，因此充电站的布设应与供电单位进行协商，提前做好准备。另外，供电单位在布设城市供电网络的过程中，也应将充电站的布设考虑在内，在不影响城市电力供给的前提下，满足电动汽车充电站正常运营工作的供电需求。除此之外，充电站的充电机在给电动汽车充电的过程中，会伴随有谐波污染问题，从而使供给的质量降低，因此在电动汽车充电站布设中应将谐波污染问题考虑在内。

5. 充分考虑电动汽车未来发展趋势

随着环境污染的不断加剧和资源消耗的增加，电动汽车越来越受到国家政策的支持和广大用户的认可，电动汽车的快速发展已成为趋势，因此在布设电动汽车充电站时应从长远考虑，不仅要满足当前电动汽车充电的需求，还要考虑未来电动汽车大量增长后的需求。但是考虑到充电站的使用寿命，也不可过于超前设置，否则易造成资源浪费。总而言之，电动汽车充电站的布局选址应从全局和长远进行考虑。

6. 避开交通繁忙路段

电动汽车充电站的布设在考虑不影响现有基础设施的前提下，应当尽可能与基础服务设施共同建设，共同满足基础社会服务的需求。在城市中布设电动汽车充电站时，避免在城市道路相交处或者交通密度较大的地段建设，以免对城市交通造成不必要的影响。因此，应当尽量选择在城市道路旁的空闲区域建设。这样既满足了电动汽车的充电需求，又不妨碍城市交通的运行。

1.1.7 电动汽车充电站安全防护

（1）安全技术防范系统宜与充换电设施同步设计、同步施工，独立验收。

（2）电动汽车充换电设施应根据充电站、电池更换站、分散充电设施具体需求配置安全技术防范系统。

（3）安全技术防范系统设计应遵循安全稳定、可扩充、技术先进、经济合理、实用可靠的原则，充分考虑充换电设施自身特点和防护对象的重要程度，采用相应的防护措施，构建安全技术防范系统。

（4）安全技术防范系统所用设备、器材的安全性能指标应符合 GB 16796—2009《安全防范报警设备　安全要求和测试方法》和相关产品标准规定的安全性能要求。

（5）安全技术防范系统包括视频安防监控系统、入侵报警系统和出入口控制系统，应符合 GB 50348—2018《安全防范工程技术标准》的相关要求。

（6）安全技术防范系统应实现对视频安防监控系统、入侵报警系统和出入口控制系统的统一管理。各系统间应能实现联动，并独立运行，某个系统发生故障不应影响其他系统正常运行。

（7）安全技术防范系统应选用具有开放通信协议和接口的系统及设备，具有良好的兼容性并能与上级管理机构联网集成，实现远程集中监控、管理。

（8）安全技术防范系统应接受时钟同步系统校时，保证系统时间一致性，误差小于1s。

知识拓展

1. 电动汽车无线充电技术

电动汽车中的无线充电技术属于高新技术，目前还处于研究和试验阶段。无线充电技术虽然被许多人视为新技术，但实际上它已经有百年的历史。这项技术在被发明之后的一个多世纪的时间里并没有较大的进步与应用，直到最近移动设备用户的大量增长，才使它重新进入人们的视野，其主要作用就是满足人们的便利要求。电动汽车的无线充电技术原理有电场耦合式、磁场耦合式和电磁辐射式，无线充电技术的类型不同，应用的效果也有所不同。目前，电动汽车无线充电技术主要采用磁场耦合式，其原理是利用埋在路面下的发射线圈产生高频交变磁场，由路面上安装在行驶车辆上的拾取线圈拾取能量，从而为车载储能设备进行充电。这可以大大减少车辆搭载的电池组数量，并延长其续航里程。电动汽车无线充电方式可分为静态无线充电和动态无线充电两种，其系统原理和参数设计相同，而磁路机构不同。图1-1-17和图1-1-18所示分别为电动汽车静态无线充电方式和电动汽车动态无线充电方式。

图1-1-17 电动汽车静态无线充电方式

图1-1-18 电动汽车动态无线充电方式

2. 充电场所分类

电动汽车充电场所大致分为充电站、停车场、私家车库、动态无线充电道路。在日常工作与生活中的不同时段和地点，电动汽车用户会选择合适的充电场所为电动汽车充电。由于需求侧充电需求的差异性，充电场所的建设规模、配备设施、电压等级、负荷特性也各不相同。所以，大量汽车进行充电时会产生各类问题，与其对应的充电策略也会随之调整。为了规划好大量电动汽车的充电服务，我们需要提前分析充电场所的各项特点，根据这些特点制定合适的充电策略。图1-1-19所示为电动汽车充电情景示意图。

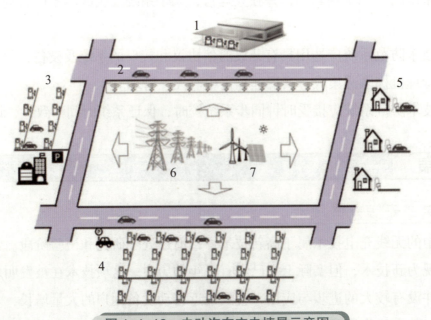

图1-1-19 电动汽车充电情景示意图

1—充电站；2—动态无线充电道路；3—公司停车场；4—公共停车场；
5—私人车位；6—主电网；7—新能源微电网

学习任务 2　认知换电站

学习目标

1. 掌握换电站的基本结构。
2. 掌握换电站的功能组成。
3. 了解换电站换电的工作流程。
4. 掌握车载换电系统构成。

1.2.1　换电站的基本结构

　　汽车换电站主要包括供电系统、充电系统、电池更换系统、监控系统、电池检测与维护系统等。电动汽车通过车载终端将电池信息、车辆地理位置、行驶计划等上传到换电站的监控系统，基于以上具体信息，监控系统可预测未来不同时段电动汽车的换电需求。综合考虑电网发送的电价、变压器可利用容量等信息，监控系统下达具体的充放电指令到充电系统的各个充电机，在满足电动汽车换电需求的前提下，实现换电站运营效益的最大化。换电站的基本结构如图 1-2-1 所示。

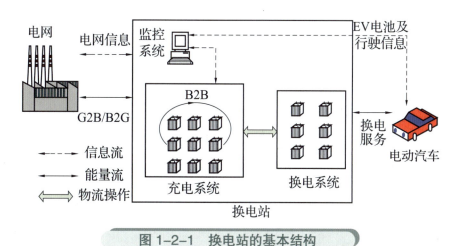

图 1-2-1　换电站的基本结构

1.2.2 换电站的功能组成

从换电站的功能系统组成来看，换电站包括电池集中管理系统、配电系统、监控系统和配套设施，如图1-2-2所示。

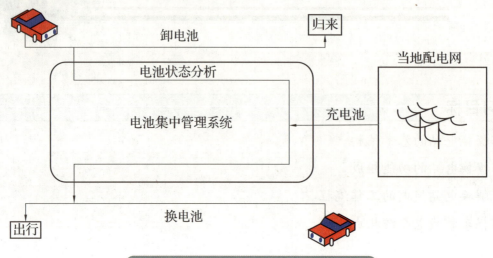

图1-2-2 换电站的功能系统组成

换电站的主体功能由电池集中管理系统（Centralized Battery Manage System，CBMS）来实现，可以细分为充电管理系统、电池更换检测系统和电池运转系统。其中，充电管理系统除应具备环境控制和通信监测等功能外，还应具备电池反接保护、电池过电压保护、充电模块过热保护等功能，以确保充电过程中电池的安全性。

CBMS主要负责解决群体内每一位用户的出行需求，并对所有电池进行统一的充电、维护和转运管理，以达到削峰填谷、降低成本等目的。在车辆归来时，CBMS需要做好卸下电池剩余电量的统计记录，并结合电动汽车用户出行行为的预测、当前电价、当地配电网负荷水平等信息，对这些不同荷电状态（State of Charge，SOC）的电池进行有计划的充电。

虽然用户的出行需求和归来时电池的剩余电量是一个随机行为，但在特定人群和时间、空间内对此问题进行分析，就可以对其出行行为做出较为准确实用的概率预测，即可做出进一步的优化充电安排。

换电站的配电系统由变压器、配电箱、谐波治理设备和电缆架空线等构成，其中变压器还包括中低压开关设备、电能计量装置、无功补偿设备等辅助设备。

换电站的监控系统由监控主站、充电监控、配电监控和安防监控等构成，其功能包括对换电站的运营管理进行监控、实现换电站与运营管理系统间的数据交换，从而保障换电站的安全、可靠、经济运行。

换电站的配套设施指值班监控房、钢结构棚及相关土建部分，为换电站的运营提供必要的场所空间。

1.2.3 换电站的换电模式

根据换电站换电模式的不同,可以将其分为三大类,分别是模块分箱换电、整体式底盘换电和换电车作业换电。前两种是换电站的主要换电方式,而第三种是换电站站外换电方式的一种补充类服务,大部分用于电动汽车站外失电类故障的救援,如图1-2-3所示。

图 1-2-3　换电站的换电模式

对比其他两种换电模式,模块分箱换电在换电方式上更为灵活,它可以同时支持人工和自动化的换电作业,而整车式底盘换电由于整车电池质量过大,难以进行人工换电,必须依靠机械自动化作业,因此其适用性受到了一定的限制。其次,从换电所需的时间上,换电车作业换电的时长最长,通常在5min以上,而模块分箱换电与整体式底盘换电所需时长都比较短,平均3~5min即可,可与燃油车平常的加油时长相媲美,这也是换电模式较之于充电模式更具有未来发展空间的原因之一。同时,模块分箱换电技术可以对更小容量的电池进行维修更换等服务,单一电池单元的损伤对整车电池的影响得到了极大的削减,因此,该模式较之于其他两类换电模式极大地提高了电池的使用寿命,降低了电池使用成本。从车型兼容角度来看,换电模式的能源补充方式应该更加开放,而由车企主导整体式底盘换电模式采用的电池相对于其他车企属于异形电池,换电站间的电池是无法通用的,这极大地浪费了换电站这一公共基础设施所占有的社会资源。但采用模块分箱换电技术的车企间的标准箱电池可以使换电站在不同车企不同车型间共用,电池可以共享。显然,基于这个层面来说的话,模块分箱换电更适合当下共享经济的理念,同时也是对社会资源的集约使用。从动力电池的梯次利用角度来看,整体式底盘换电模式会使每次降级使用过程中的改造成本过高,而模块分箱换电能方便快捷地改造并投入不同使用场景之中,实现了电池全生命周期开发利用程度的最大化。

电动汽车的换电方式

1.2.4 换电站的分类

按服务车型划分,换电站(图1-2-4)一般分为以下三种类型。
(1)综合型电池更换站:为电动商用车和电动乘用车提供服务的电池更换站。
(2)商用车电池更换站:为电动商用车提供服务的电池更换站。
(3)乘用车电池更换站:为电动乘用车提供服务的电池更换站。

按功能划分,电池更换站分为以下两种类型。

(1) A 类电池更换站:同时具备为电池箱充电的能力和为电动汽车用户进行电池箱更换能力的电池更换站。

(2) B 类电池更换站:具备为电动汽车用户进行电池箱更换能力的电池更换站,电池箱在电池配送中心完成充电。

图 1-2-4 电池换电站

1.2.5 换电站换电的工作流程

可以将换电站的工作流程分为以下三个主要步骤。

(1) 卸电池:换电站将来车电池卸下,并对电池状态进行分析,做好检修计划和剩余电量记录。

(2) 充电池:根据当前站内电池剩余电量、用户出行需要、当前电价、当地配电网负荷水平等信息,对充电计划进行合理安排。

(3) 换电池:给即将出行用户的电动汽车换上充满电的电池,并收取相关费用。

1.2.6 车载换电系统

车载换电系统是由车辆上与换电操作或换电功能有关的部件组成的系统,简称换电系统。车载换电系统包括换电电池包、换电接口、换电机构,以及车身与之相连接的部分,也可包括具有位置监测等功能的辅助电气装置,如图 1-2-5 所示。

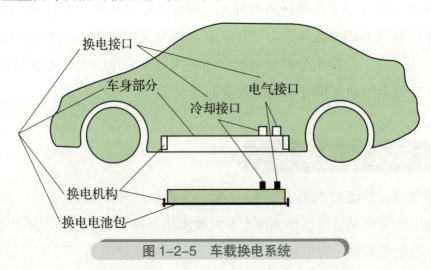

图 1-2-5 车载换电系统

1.2.7 换电站换电系统要求

（1）换电系统的设计制造应满足安全、快速、可靠更换电池包的要求。

（2）换电系统在设计寿命周期内应具有满足互操作性的电气、通信、热管理等功能。

（3）车辆任何行驶模式及行驶状态下，应通过机械装置或电气监控装置保持电池包处于正常位置，可通过电池包位置、换电机构或电气接口的连接状态等电气信号监测电池包的松动或意外解锁。

（4）换电系统如存在易损耗零部件，应在车辆使用说明书中给出易损耗零部件的范围、维护和更换要求。易损耗零部件在车辆制造厂规定的保养维护期内不应出现故障和失效。

（5）电池包应具备与车辆电平台相连接的功能。

1.2.8 换电站换电机构及换电接口要求

（1）换电机构及换电接口表面不应有毛刺、异物、飞边及类似尖锐边缘。

（2）换电机构及换电接口应连接牢固，并且有防止不正确耦合的结构或设计。

（3）换电机构应同时具备专用装置自动解锁功能和手动解锁功能。应采用两个及以上步骤解锁，过程应连续可靠，避免误操作。

（4）电气接口应具备正确的电气连接和断开顺序，避免换电过程中出现非预期的高、低压电路导通。

（5）冷却接口（如有）中的冷却剂意外泄漏时，不应引发电气接口绝缘故障或其他安全隐患。冷却接口及冷却系统清洁度应满足车辆制造厂的设计要求。

1.2.9 换电站电池箱检测与维护设备的要求

（1）电池箱检测与维护设备应具备电池箱总体电压及各个单体电压、电池箱内部电芯温度、电池箱容量的检测功能。

（2）电池箱检测与维护设备应具备电池箱绝缘性能检测功能，应能检测各单体蓄电池或蓄电池模块绝缘性能。

（3）电池箱检测与维护设备宜具备电池箱内阻检测功能，应能检测各单体电池内阻。

（4）电池箱检测与维护设备应具备电池均衡功能。

1.2.10 换电站监控系统的要求

（1）监控系统一般包括供电监控系统、充电监控系统、电池箱更换监控系统和安防监控系统等。

（2）供电监控系统应具备对供电状况、电能质量、开关状态、设备运行参数等进行监测和控制的功能。

（3）充电监控系统应具备对充电设备运行状态和充电过程进行监测和控制，以及事故情况下的紧急处理、数据存储、显示和统计等功能。

（4）电池箱更换监控系统应具备对电池箱充电状态、电池箱更换设备运行状态、电池箱更换过程进行监测和控制的功能。

（5）安防监控系统应具有视频安防监控、入侵报警、出入口控制等功能。

（6）监控系统的实时性和可靠性应以满足现场设备的安全运行要求为原则。

（7）监控通信网络应具备良好的扩展性，新设备的接入不应造成网络性能明显下降。

（8）监控系统应具备与上级监控管理系统进行通信的功能。

（9）站内监控通信网络宜采用以太网。

（10）监控系统与站外相关系统通信宜采用专用光纤通信方式。

（11）监控系统的关键部件应采用冗余设计。

（12）监控系统与其他信息系统互联时，应采用可靠的安全隔离设施。

（13）监控系统应配备不间断电源。

1.2.11 换电站选址原则

（1）电池更换站宜充分利用就近的供电、交通、消防、给排水及防排洪等公用设施，并对站区、电源进出线走廊、给排水设施、防排洪设施、进出站道路等进行合理布局、统筹安排。

（2）电池更换站宜靠近城市道路，不宜选在城市干道的交叉路口和交通繁忙路段附近。

（3）电池更换站的选址应符合防火安全的要求，不应设在有爆炸危险环境场所的正上方或正下方，应远离易燃、易爆等危险源。

（4）电池更换站不宜设在多尘或有腐蚀性气体的场所，当无法远离时，不应设在污染源盛行风向的下风侧。

（5）电池更换站不应设在有剧烈振动或高温的场所。

（6）电池更换站不应设在地势低洼和可能积水的场所。

知识拓展

1. 国外换电站发展现状

在国外，典型案例是 Better Place 公司与以色列政府采用政企合作的模式对换电站项目进行合作运营。该公司不仅在以色列经营着众多的换电站，还在丹麦、澳大利亚、日本等国家与当地政府和企业合作，大力推进其换电服务，但由于当时极高的建站成本和太低的投资回报率，Better Place 公司在 2013 年 5 月宣布破产，这对换电产业的发展造成了极大的打击。

此外，著名的电动汽车制造商特斯拉公司采用的换电模式是整车和电池捆绑销售的模式，其先进的换电技术仅耗时 90s。但遗憾的是，由于换电技术涉及的产业链过于庞大，不同车型电池间的共享问题严重影响了换电站的运营效益，特斯拉无法对其进行有效整合，同样也无法很好地解决换电站建设成本高、投资回报率低的问题，而且其换电服务的成本过高而不被公众所接受，特斯拉最终也宣告现阶段暂停其换电模式的发展。

其他世界各国也对换电站的发展模型进行了各种尝试，但目前在国外市场上，插充模式仍然是主流发展模式，换电模式高成本的缺点还有待更加成熟的商业发展模式来对其进行优化改造，如图 1-2-6 所示。

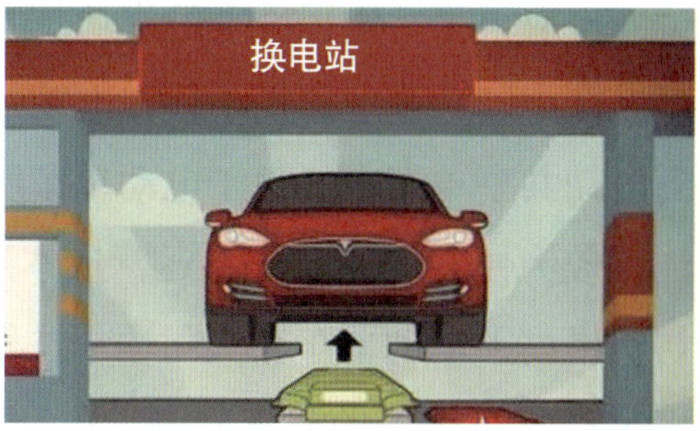

图 1-2-6 插充模式

2. 国内换电站发展现状

在中国的换电产业发展史中，第一次规模较大的尝试是 2006 年国家电网响应国家号召启动的换电项目。在标准箱换电技术的支撑下，国家电网在杭州完成了 500 台纯电动换电车型在出租车行业的投入使用，提出并验证了"车电分离，里程计费"的商业模式。再后来，国网组织的"京沪行"活动更是将换电产业的发展推上了高潮，并于 2011 年首次确定了自身充换电运营模式的基本思路，即"换电为主，插充为辅，集中充电，统一配送"，并储备了电池均衡技术、电池自动化更换技术、电池梯次利用技术等先进的配套技术。但从 2013 年开始，由于无法调和车企和电网之间的矛盾，国网始终无法打破产业链之间的壁垒，国网选择了暂停新能源换电这一项目，换电产业的发展逐渐由电网主导转向车企主导，国网选择了以更加开放的态度来配合车企发展电动汽车。

在不同车企发展换电模式的过程中，可以将其分为两大类别：第一种是底盘换电，其中代表性车企分别为采用上海奥动底盘换电技术的北汽和新楚风，以及采用自主底盘换电技术的蔚来；第二种是模块分箱换电，其中代表性车企为采用杭州伯坦模块分箱换电技术的东风、奇瑞、众泰、大运、康迪和力帆等。从实际投放车辆数和运营里程来看，目前模块分箱换电模式占优势。

在采用底盘换电模式的车企中，较为典型的案例是北汽新能源推出的换电项目。在吸取了 Better Place 和特斯拉失败教训的基础上，北汽新能源选择首先单独在出租车这个市场里运营换电模式，而后逐步向运营型车辆和私家车过渡。北汽新能源还于 2017 年发布了名为"擎天柱"的计划，预计到 2022 年，会在全国范围内投入近百亿的资金建造 3 000 座分布式储能电站。另一个典型案例是蔚来汽车所尝试的换电模式。不同于特斯拉汽车的电池，蔚来换电将电池的所有权由个人转移到了企业，个人买车并不需要支付电池部分的价格，极大降低了用户的使用门槛，企业盈利方式也从卖电池转变为了租电池。同时，由于企业拥有个人所不具备的电池维护技术手段和退役电池的梯次回收手段，电池的使用成本得到极大降低。另外，换电站的储能功能也可以在企业运营管理下得到更好的发挥，给换电企业又带来了一种盈利手段。目前这一模式的发展前景还未可知，但随着电池技术的发展、各项标准的统一和电动汽车渗透率的不断提高，这一商业模式的生存机会肯定将会逐步提高。

在采用模块分箱换电的车企中，较为有名的是力帆乘用车与盼达汽车在汽车租赁共享领域采用的合作模式，它们利用成熟的车联网系统同时支持集中式和分布式的换电方案，给用户带来了一种方便快捷的异地用车方法。这一商业模式是对换电站发展模式的一个积极尝试，也取得了一定程度上的成功。

在中国，企业家们不仅在电动汽车方面进行着换电模式的积极尝试，也在尝试将其应用到电动共享单车上。由于电动单车所需要的换电场所小，建站成本低，用户可自行手动换电池，较为便利的同时也将运营成本进一步降低，而且由于用户入场门槛低、基数大等优点，切实提高了电动单车在实际运营过程中的盈利可能性。但使用安全、舒适感和续航里程无法满足私家车用户的需求限制了电动单车产业的发展。同时，出于交通安全、停放秩序的考虑，电动共享单车在很多城市面临被叫停的命运。

可以看出，换电模式的发展瓶颈不仅仅单纯在于各类与之相关的技术手段的发展水平，更在于其商业模式的创新，如何处理好电动汽车产业链中政府部门、电力公司、汽车用户、换电站运营商、整车企业和电池制造商之间的矛盾关系，使各方都愿意参与到这一项目的发展过程中是商业模式能否成功的关键。

学习任务3　充电站的运营与管理

学习目标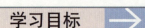

1. 掌握充电站运营与管理人员一般要求。
2. 掌握充电站运营与管理人员岗位技能要求。
3. 了解充电站的设备管理。
4. 了解充电站的安全管理。

1.3.1 充电站的运营与管理人员一般要求

充电站应设置负责人和作业人员，作业人员包括安全员、充电作业人员、设备维护人员、监控人员等。

负责人和作业人员应进行岗位技能培训，掌握电动汽车安全知识、用电安全规范、电动汽车发生紧急情况的处理方法和触电急救法，培训合格后上岗。充电站负责人全面负责全站的安全、日常运营管理、应急管理等工作。作业人员应按照操作流程和岗位规范进行工作，工作时统一着装、佩戴服务标志，如图1-3-1所示。

图1-3-1　作业人员工作时统一着装、佩戴服务标志

1.3.2 充电站的运营与管理人员岗位技能要求

不同岗位的作业人员要求不同。安全员应了解充电站设备的工作原理，掌握充电操作规程、安全知识和应急处理方法；充电作业人员应了解电池基础知识，以及充电安全知识、岗位操作规程和应急处理方法；设备维护人员应掌握充电设备工作原理、岗位操作规程、充电设备检测、故障判断和处理；监控人员应了解充电设备的基本知识，以及监控系统的使用和控制方法。

1.3.3 充电站的设备管理

充电站设备包括配电设备、充电设备、充电监控设备和计费系统设备等方面。站内应对所有设备进行编号登记，建立设备台账和档案，以便对设备进行统一管理；对充电设备进行定期维护和保养，对计费系统等进行检定或校准，并形成相关记录，保证设备可靠运行；制定充电设备操作规范，作业人员严格按照规范执行；建立设备使用记录，记录每次开关机时间，对运行过程中发现的异常情况进行记录并上报，及时排除设备隐患，如图1-3-2所示。

图1-3-2　充电站的设备管理

1.3.4 充电站的安全管理

1. 基本要求

充电站属于专业人员操作的带电公共场所，安全管理尤为重要，应建立健全安全管理制度，运行值班制度等相关责任制度。配备专职或兼职的安全员，各环节安全明确责任人，将安全管理贯穿于运营服务的全员和全方位。

充电站负责人对充电站安全管理负责，组织开展各项站内安全管理工作，定期对作业人员进行安全教育和培训，增强安全防范意识，落实、贯彻安全工作的相关规定及要求。作业人员在规定区域内进行作业，不应操作与岗位无关的机械/电气设备。作业人员应遵守岗位安全管理制度和安全操作规范，穿着工装和安全绝缘防护用具，负责岗位范围内的安全管理，对发现的安全隐患要及时报告并进行处理。

2. 安全巡查

充电站应建立安全巡查制度，可采用日常巡查、定期巡查、特殊巡查相结合的方式，明确各类巡查的时间、频次、范围和内容。

工作人员对充电站进行日常巡查发现的不安全因素，应及时上报并采取措施，保证站内设备完好性和安全性。安全员对充电站进行定期巡查，发现违章行为和安全隐患，有权制止、纠正违规操作，及时处置并上报。当发生大风、雾天、雨天、冰雹等特殊天气，设备新投运或经过检修、改造、长期停运后重新投入运行时，应对充电设施进行特殊巡视。

工作人员应将管理范围内发生的灾害事故及时报告管理部门和相关政府单位，并妥善做好现场保护工作。每月组织一次安全检查，并应根据季节特点和重大节日对充电站进行专项检查。

3. 设备安全

充电站应安全用电，规范使用电气设备。安全员对设备进行定期巡检中发现充电设施故障时，应及时上报并进行检修，不应使用故障设备提供充电服务。充电站宜委托专业检测机构定期对充电设施进行周期预防性测试，电气设备的检修、测试及维修应由专业技术人员进行。设备故障、设备检修时，设备维护人员应做好安全防护，设警示标志，特殊情况下可布设警示围栏。如需带电检修设备，须有专人看守。充电作业人员应定期检查设备安全标志，发现有变形、破损或褪色，应进行整修或更换。露天设置的充电设备应配备安全防护措施，保证雷雨等特殊天气的充电安全。

4. 车辆安全管理

充电站内，电动汽车应按照规定的限速在允许的范围内行驶，并停靠在指定的区域内。

当作业人员发现电动汽车充电接口部分存在异常情况时,应告知、提醒客户进行车辆维修。

5. 消防安全

充电站的消防安全管理应符合相关法律法规和标准的规定。充电站应按法律法规和标准的规定配备消防设施。消防设施应完善、有效,不应被随意挪用、埋压和圈占。消防设施标志应明显、清晰,定期进行消防安全检查,对消防设施和监控器材进行定期维护和保养。消防灭火和监控系统应处于完好状态,定期组织消防培训和应急演练。全体人员应掌握基本消防知识,熟知消防器材的位置、性能和使用方法。站内各紧急出入口、通道应保持畅通,火灾发生时应能采取有效的处置措施,及时疏散人员,并报告有关部门。消防设施标志如图1-3-3 所示。

图 1-3-3 消防设施标志

1.3.5 充电站的应急管理

充电站应建立突发事件(如火灾、爆炸、电击、车辆事故、供电系统故障、人身伤害、设备故障等)应急预案。应急预案应满足统一指挥、分级负责、组织机构健全、人员和物资配备充足、通信畅通、行动迅速准确等基本要求。突发事件的处置按应急预案的要求进行。应急预案的主要内容包括组织机构、人员、物资、事件等级、报告程序、事故处置方法、快速疏散方法、紧急救护措施、现场保护、清理和善后工作等。应急预案中涉及的应急设备应在指定场所存放,专人负责,并定期检查应急预案所需物资的有效性。每半年至少进行一次应急预案的全员培训和演练,并针对演练中的问题进行修改和完善。

1.3.6 充电站的评估与改进

1. 自我评价

充电站通过采取日常检查、定期检查、不定期抽查、专项检查等方式进行自我评价。

每年至少对充电站运营整体情况进行一次自我评价，评价内容应包括：①核查、分析服务项目相关资料；②检查、评估规章制度、操作规程的制定和执行情况；③检查作业人员的现场记录。

2. 外部评价

充电站应接受社会对服务管理的监督，公布服务监督电话，设置意见箱，接受客户监督；建立投诉、表扬记录和处理记录；每年进行一次客户满意度调查，进行一次外部评价，宜通过建立评价指标进行量化评价。

3. 持续改进

在服务过程中随时收集有关不合格信息，确定信息来源，分析不合格原因，制定纠正措施，对过程或管理进行调整，避免不合格问题再发生。充电站应建立事故纠纷处理办法，明确责任人、处理程序和时限要求等。统计分析自我评价和外部评价的结果，进行服务的持续改进，主要包括：

（1）根据评价结果，确定现有问题和潜在问题的根源，对不符合要求的项目制定纠正措施，对潜在问题制定预防措施。

（2）对客户进行回访，听取客户对处理结果或后续工作的意见或建议。

（3）分析服务行为、操作和管理规定的合理性、符合性和有效性，适时修订服务方案及相关规定，规范运营服务行为，提高运营服务质量。

1.3.7 以不同参与主体为主导的商业运营模式

1. 政府主导模式

政府主导模式即政府作为电动汽车充电站的投资主体，负责电动汽车充电站的建设运营。按照政府建设与运营方式的不同，政府主导的电动汽车充电商业运营模式可以有两种具体操作方式：一是直接主导方式，即由政府直接出资建设电动汽车充电站，建成后由政府相关部门负责经营管理；二是间接主导方式，即由政府出资建设电动汽车充电站，建成后移交给国有企业经营管理，或者委托专业机构经营管理。

2. 企业主导模式

企业主导模式即由作为市场主体的企业投资与运营电动汽车充电站。电动汽车是新能源利用的重要组成部分，是战略性新兴产业发展方向。与电动汽车发展相适应，企业建设充电站也将随着电动汽车的发展而获得相应的社会效益和企业效益。此外，充电站在一定时期特定区域内是作为稀缺资源存在的。换言之，在特定时期和区域内，电动汽车充电站不能无限制地建设和扩张，企业提前建设充电站，就提前占有了相应的资源并获得了相关市场。

3. 混合模式

混合模式的核心思想是政府为了提供基础设施需要，通过合同方式与私人（即企业）建立起来的共享收益和共担风险的一种合作关系。"政府+企业"的混合模式是该理论在电动汽车充电站建设和商业运营上的具体运用。

1.3.8 不同盈利模式下的电动汽车充电商业运营模式

充电站的商业盈利模式本身就是新能源汽车产业化研究的一个新兴领域。充电站主要通过充电零售价和网上购买电价之间的价差和收取一定充电服务费用获取利润，传统的收费结算方式以现金和信用卡为主。在实际充电站经营方式选择过程中，应该充分衡量当地充电需求特征，采取因时、因地制宜的盈利方式。

纵观各国电动汽车充电所采用的盈利模式，主要包含以下几个方面。

（1）将充电设备建址于重要的交通关口，然而爱尔兰的 ESB 公司在实行这种商业模式后，以基建费用过高为由否定了这种盈利模式。

（2）逐步引入分时电价收费模式，并将充电桩与手机客户端相关联，这已成为各国电动汽车充电产业发展的主要盈利模式。

（3）站在"互联网+"的风口，充电桩商业模式创新方面也呈现出新的发展态势。通过"线上 APP+ 充电网络 + 线下充电设备"的 O2O 闭环，将人、车、桩串联起来。

未来，充电桩将成为城市位置网的载体和车联网的重要入口，随着电动汽车和充电桩的规模化推广，充电桩运营在整条产业链中的核心地位将进一步凸显。因此，未来电动汽车充电的盈利模式将以如下三种模式为主。

1. "充电桩 + 商品零售 + 服务消费"模式

以电动汽车充电桩为中心，建立配套的商品零售与休闲服务商业圈，将成为未来大中型城市发展电动汽车及配套产业的新模式。以德国、丹麦为代表的欧洲国家利用电动汽车车主充换电时间，深入拓展零售、消费等业务，以充换电业务为中心，整合带动了相关产业链发展。德国的充电桩建设实施主体包括汽车厂商、供电企业、供电企业联盟、超市便利店、私人用户等，围绕电动汽车充电的 2h 建立了健身、美容、购物中心，提高了充电服务的黏性与增值性。

当前国内仅有特斯拉与酒店、商铺合作共建充电站，计划覆盖全国 100 多个城市。随着电动汽车的爆发式增长，未来在一线城市内部的商业区域布点建立"充电桩 + 商品零售 + 服务消费"的产业发展模式对市场的吸引力将逐渐提升。

2. "手机APP+云服务"模式

APP发展的重点应关注功能及构成要素、智能寻找充电站的基本服务，通过设计、应用功能集成度很强的APP，为电动汽车用户提供充电站实时定位导航，实时掌控充电时间、充电电量，以及充电意外中断、充电预约提醒、故障报警等充电状态远程监控服务。以提升用户体验为目标，提供各项便利，用户可以随时自由安排、取消、变更充电流程。同时，扫码充电提供灵活的支付方式，增强用户黏性。除此之外，还可以考虑构建充电生态圈，增加汽车新闻、里程计算、用户评价、车友分享等诸多实用功能，竭力为用户提供最佳使用体验，如图1-3-4所示。

图1-3-4 "手机APP+云服务"模式

与此同时，在手机APP的背后，是一套复杂的智能充电运营服务云平台和大数据，这些都是实现互联网商业模式的技术和基础平台。基于这个平台，对充电基础设施进行高效管理，才能够进行规范、细致、灵活的运营，才能够为用户提供更多的增值服务，才能够整合更多商业合作伙伴资源，从而获取额外的商业利益。一是基于电动汽车充电分时电价，对不同的驾驶者群体或每天峰谷时间定价进行收费，提供充电定价多样化选择方案。经营业主可以根据充电时间、充电流程、充电电量或任何一种组合方式进行自由定价。二是为经营业主提供详细的大数据分析支撑，为改进提升服务提供依据。基于"云服务"为其提供每个充电站具体每天的有效利用小时数、高峰期利用率、充电需求人数、平均充电周期等内容。经营业主仅需登录账户，即可得到详细的数据分析报告，有效识别各站点运营情况，将关注重点及时聚焦存在经营困难的充电站。其核心在于帮助充电站经营业主集中于充电站运营，而不是站点维护等琐碎内容。同时，将充电过程中对每一种电池的充电特性和运行轨迹进行检测的数据放到云平台，然后在云平台上对所有的信息和数据进行对比，并及时发现问题。

3. "电动汽车充电+金融机构"模式

充电设施运营–用户充电–金融产品融合。金融机构可采用合资或加盟形式参与充电设施建设运营，使金融机构分担投资运营商的设备和建设压力，同时，金融机构与投资运营商利益共享。用户可通过购买电动汽车金融产品来获得充电优惠，将投资运营商、金融机构、用户紧密关联，促使其合作共赢。

知识拓展

1. 国外充电站的商业运营模式

电动汽车规模正在全球范围内不断扩大,已有多个国家陆续增强了政府对充换电设备产业的扶持力度,以推进充换电设备商业运营的商业化进程。

以美国的 Charge Point 项目和 EV Project 项目为例。在电动汽车行业起步之初,美国的 Charge Point 公司就抢先布局了充电桩市场,截至 2016 年年底,该公司就已拥有 22 424 个可供充电点,遍布北美、欧、亚、澳四大洲,并占有了 70% 的公共充电站网络系统,可兼容所有品牌的电动汽车,且开发了相配套的手机 APP 软件。Charge Point 公司针对自身对绝大部分充电桩提供免费充电服务这一政策,提出了独特的商业视角。互联网时代最重要的是粉丝经济,只有先拓展市场,拥有大量用户,才能为后期的持续盈利提供坚实基础。拓展市场、吸引用户的第一步就是提供免费的充电服务。

EV Project 是美国能源部(United States Department of Energy,DOE)发起的电动汽车商业运营项目,该项目主要包括如下四个方面的任务:①在美国 17 个地区构建成熟的电动汽车充电设施;②部署基础设施建设;③建设 12 000 个 AC level 2 充电设备和 100 个 DC 快速充电机;④帮助推广 8 000 辆电力驱动车辆(日产 LEAF 和通用 VOLT)。项目下的所有车辆和充电单位将提供数据给美国能源部的车辆技术项目部,以帮助美国能源部规划部署更多的电力驱动汽车和充电基础设施,以减少美国石油的对外依存度,提高美国能源的整体安全性。同时,该项目产生的数据信息也将报告给更多的合作伙伴。虽然国情不同,但 EV Project 的商业运营模式仍有很多方面值得我国借鉴。例如,归属国家层面的统一管理、立项、统筹充电设备的安装程序问题;政府出台私人购买新能源汽车安装充电桩办法的公告,分清各相关部门的职责,说明责任部门与申报程序及相关费用。

日本对于充电基础设施的建设,主要分为两个不同的阶段展开行动计划:阶段一为市场准备期,在此期间主要在某些特定区域进行充电基础设施的布局建设;阶段二为正式推广阶段,该阶段致力于推动社会资本进行充电基础设施建设。此外,日本建立了推动快充设备应用以及快充标准实行的快充组织,用以推进快充发展并制定国际标准。

德国研发了一款将充电设备与停车收费合二为一的产品,名为"充电直通车"。该产品配备了多种收费模式,同时增设了网络,以采集和处理车辆的充电数据与信息。这款产品使充电桩用于充电,却不局限于充电这一功能,还可以用于上网、导航、宣传广告及失物招领等。

由于各国各地区所处的政治、经济环境不同,电动汽车发展水平及侧重方向也不相同,各国所采取的电动汽车充电的商业运营模式就会存在或大或小的差异。

2. 国内电动汽车充电商业运营模式状况

国家发改委明确表示，关于我国的电动汽车充电基础设施建设，为保障电动汽车的产业化发展，势必开展电动汽车充电站项目，这为电动汽车基础设施建设提供了政策保障。2007年，国家电网公司对我国预计作为充电站建设试点的几个特定城市进行了可行性研究，并对浙江电网杭州电力局建设的第一个电动汽车充电站进行了实地考察；2008年，上海市电力公司与上海汽车集团达成战略合作，共同研究当电网公司主营业务与电动汽车的各类应用相结合时，会产生哪些发展机会。同时，国家电网公司也明确表示，应在北京、上海、天津等大城市加速开展电动汽车充电基础设施建设业务。由此可见，类似于法国政府与EDF电力公司合作共同推进法国电动汽车充电基础设施建设，我国政府与相关电力企业也已经开始在这一领域达成合作，政府与电力企业正发挥自身的政策激励优势以及充电设备的投资建设优势，进一步促进我国的电动汽车充电基础设施商业化发展。

考虑到充换电站所对应的车辆服务数目以及运营成本会受到不同商业运营模式的影响，同时，不同国家和地区的电动汽车发展水平、经济环境、政策条件均不相同，与之相匹配的电动汽车充电站商业运营模式也会有所不同。当前，各国电动汽车电能补给的基础设施主要包括充电桩、充电站及换电站三类，相对应的充电方式主要分为充电和换电两种模式。随着电动汽车产业的飞速发展，充电基础设施规划建设也已迅速提上日程，正呈现出以商业化为导向，并向智能化、网络化、标准化方向发展的趋势。另外，我国学者对于电动汽车充电设备商业运营模式方面的研究也是"百花齐放"。

学习任务4　充电站的紧急应对措施

学习目标

1. 了解充电站的火灾风险。
2. 了解充电站的火灾预防措施。
3. 掌握充电站发生火灾的处置分析。

1.4.1 电动汽车充电站火灾风险分析

目前在建的电动汽车充电站选址、建筑面积、运营能力等具有较大的差异，充电站种类多，体量大。周边建筑物有住宅、宿舍、学校建筑或商务楼等，与周边建筑的距离大多较近，有的直接设置在建筑物的外墙，有些毗邻建筑物只有1m的距离。因此，在防火设计中要根据建筑类型、规模、选址、运营能力等进行分类，并有针对性地提出消防安全要求（图1-4-1）。

图1-4-1 电动汽车充电站发生火灾

电动汽车集中充电站主要由供电系统、充电系统、监控系统及配套实施四部分组成，主要的设备有控制电缆、电气设备及线路、变压器等。

（1）控制电缆充电站使用的聚氯乙烯绝缘、聚氯乙烯护套控制电缆，主要由地下电缆沟引入充电设备。引起控制电缆火灾的因素较多，如控制电缆绝缘材料质量问题、导线缺陷，同时包括一些自然条件等外在因素，如电缆沟进水等。这些原因都可能造成绝缘线路提前老化，过载超温，导致短路起火。

（2）电气设备及线路充电站的各设备主要由电气设备及线路组成，而电气设备及线路又是电气火灾的主要因素。电气设备间的线路由于质量或施工问题，可能造成接触不良、短路及过载，加之电气设备通风散热不足，极易造成设备及线路局部高温，引起电气火灾和爆炸。另外，各电气设备接头处易产生电火花和电弧，可直接引燃系统中的易燃易爆物质，最终导致火灾的发生。

现阶段，市场上主要的电动汽车为锂电池纯电动汽车。锂电池具有工作电压高、循环寿命长、自放电率低、比能量大、无记忆效应等优点。但是，作为电动汽车主要部件的锂电池在安全性能方面仍存在一定不足。例如，所有的动力锂电池都有不同程度的不耐过充电和过放电，电池在过充电或过放电时，可能产生冒烟和起火等风险；锂电池在高温下使用时会释放气体，使电池压力过高，可能产生泄漏和自燃，并烧毁整辆汽车，造成人员伤亡和财产损失。

1.4.2 电动汽车充电站消防安全存在的问题

电动汽车充电站建筑结构多样，功能也与传统建筑具有很大的不同，动力电池火灾危险性的存在成为充电站防火设计的难点。目前，电动汽车充电站消防设计和审批验收缺乏专门的标准规范依据，导致既有电动汽车充换电站部分陷入停运状态，新建站点无法通过消防审批就开始投入运营。

现有消防设施配置情况复杂，灭火效果不明确。电动汽车充电站站内设置主要有室内消火栓箱、推车式或手提式水基型或干粉灭火器、灭火毯、消防沙等。国外相关资料显示，大量持续的消防水是扑灭电动汽车火灾最有效的方法，而目前很多充电站内出于水导电的顾虑，大多未设置室内消火栓，消防员灭火时只能依靠市政供水或消防车供水，给火灾扑救带来一定的困难。根据以往的火灾案例来看，灭火器对于扑灭电动汽车火灾效果不明显，甚至无法控制火灾的发展。消防沙池的设置往往距离充电站较远，若车辆发生火灾，消防沙运送过去时间较长，且火势一旦蔓延开来，人员无法靠近，便无法将消防沙释放到火场中。

消防安全管理未得到重视，消防设施使用状况不佳。有专人管理的电动公交车充电站，基本都设置了安全管理规定和应急操作规程，站内人员均经过一定的消防安全培训，消防设施配置虽然不统一，但基本都有配置，且有专人管理，均处于可用状态。无人看管的私人电动小轿车充电站往往无消防安全管理规定，且大多未配置消防设施或消防设施处于无法使用状态，存在很大的消防安全隐患。

1.4.3 充电站火灾预防措施

1. 技术措施

提高充电站系统的技术水平是电站正常稳定运行的关键，也是防范火灾的重要保证。对于电动汽车，尽量选用稳定性强、充放电不易自燃且耐高温的材料，如钛酸锂电池。对于充电站电气系统，须选用导电性能好的阻燃材料，避免设备接地不良，造成系统的电荷积累。此外，还需要建立实时监控与警报系统，对电动车集中充电站的运行状态实时监控，及时预测可能会发生的火灾安全隐患，并采取有效措施进行预防。

2. 管理措施

电动车充电站自投运之日起，应建立一套完整健全的管理体制，充电站的管理人员应加强日常工作的安全与防火意识，严格按照规章制度开展作业，避免不规范行为产生的火灾事故。尤其针对电气系统的运行管理，需要制定各种规章制度，避免出现触电、着火甚至爆炸事故。

对充电站管理人员与工作人员，要经常组织业务学习和安全教育。新上岗的员工必须熟悉和掌握各项业务技能和安全应急知识，才可进行实际操作。只有通过不断的学习培训，才能使员工们适应新设备、新技术，并将管理制度落实到位，保障充电系统的安全稳定运行。

3. 用户使用约束

据统计，充电站电动汽车火灾的主要原因是驾驶员对电动车与充电系统使用不当，部分驾驶员安全意识淡薄，不按规定对电动车进行充电，在车辆发生起火时也不能采取正确的措施进行扑救。

为此，必须提高驾驶员的火灾防范意识，普及基本常识与火灾扑救能力。例如，在充电站的充电桩上标注重点安全注意事项，使用安全警示牌，或者在使用的充电APP系统中定期提示安全常识。此外，对于电动汽车这一新兴事物，政府及充电站厂商应大力宣传安全充电常识，杜绝过度充电，或低压充电车型使用高电压充电的现象。

4. 充电站选址、平面布局

首先，应确定不宜设置在地下车库。但由于城市用地紧张，许多城市都把充电站设置在地下停车库中。相比传统车，这样设置具有特殊的危害性：电动汽车火灾产生大量有毒有害气体；电动汽车具有爆炸风险。因此，对于电动汽车充电站选址和平面布局应重点考虑以下两点：

（1）宜设置在地面一层，如必须设置在地下，不应设置在地下两层及以下的楼层。

（2）充电站应设置在人员密集场所常年主导风向的下风向，不应设置在人员密集场所的主出入口。

5. 充电站防火设计

充电站由于存储锂电池的数量和规模不同，防火设计应分开考虑。《建筑设计防火规范》作为建筑物防火设计的基本规范，应尽量参照此规范，然而，在无法满足的情况下，应根据电池火灾特点对电动汽车充电站采取一些额外措施，以保障充换电站消防安全。例如，考虑到电池飞溅，现有距离居民区较近的充换电站建议增加防飞溅的铁丝网；储存电池的地方建议增加防撞装置，避免因撞击引起电池短路而发生事故。

6. 充电站消防设施设置

充电站消防设施应包括灭火系统、自动报警系统、防排烟设施等。

对于灭火系统，大量持续的消防水对于电动汽车火灾的降温和隔绝氧气等具有很好的效果，因此，应在充换电站内设置室内消火栓、室外消火栓，以满足火灾时消防车辆的用水。另外，对各类灭火剂、灭火系统的有效性展开实验研究，研究或开发能够有效扑灭锂电池火灾的灭火系统。

对于自动报警系统，根据动力电池火灾特点，动力电池燃烧前内部温度升高，且伴随有大量的气体产生，电池内部温度升高有电池管理系统（Battery Management System，BMS）进行监控，可以辅助报警，因此，应特别要求电池管理系统与消防监控系统进行联动。同时，应采用可燃气体报警装置或感烟报警系统增加火灾的预警。

对于防排烟设施，现有的地面充换电站一般为敞开式建筑，密闭空间较少。而设置在地下的充电站，火灾时的排烟问题也是重点、难点问题，应展开系统研究，尤其是大量有毒有害气体的排烟问题。

1.4.4 充电站发生火灾类型及处置分析

1. 充电站内汽车火灾处置应对分析

近年来，电动汽车的火灾一半以上是由锂电池泄漏所致，过度充电或电压过高易导致锂电池的高温起火。充电站内的汽车发生火灾时，须本着"先控制，后扑灭"的原则，第一时间进行扑救。当汽车在充电过程中发生火灾时，驾驶员不要惊慌，首先立即停止充电，并用随车灭火器或充电站的灭火器以及衣服等将火焰扑灭，用沙土将地面火扑灭。如果车门没有损坏，驾驶员和乘客应迅速开门离开；若车门损毁无法打开，车内人员可考虑从车窗等部位逃生，同时向周围工作人员或行人求助。

为了防止火灾范围扩大，当值的工作人员应切断部分充电电源与设备电源，隔离其他车辆及易燃物，同时向控制中心及时汇报事故的时间、地点、火灾类型及现状。如果火势严重，必须马上向消防单位求助。消防单位本着"快速、就近"原则出动消防力量，确保救援队尽快到达火灾现场。

2. 充电站内电缆火灾处置应对分析

汽车充电站内电缆多集中在城市用电设备密集区域，因此，电缆隧道具有空间大、距离长、布置集中、潜在火源较多等特征，电缆隧道内一旦发生火情，影响范围极广。电缆火灾可能危及整个用电区域，甚至整个电网的安全稳定运行。一旦电缆起火，电缆隧道烟雾大、温度高，并可能伴有有毒气体产生，施救难度大且易对救援人员健康安全产生影响。

因此，电缆起火时须立即进行以下处置工作。

（1）立即切断电缆电源，根据火灾情况，关闭所有通往电缆夹层的门、窗。

（2）有自动灭火装置的地方，确保装置可以及时启动，否则立即人工开启消防系统；在无自动灭火系统的地方，可以就近选用适合的灭火器或沙子进行扑救。

（3）由于电缆沟内可能存在有毒气体，救援人员应佩戴合格的防毒面具，以防中毒。

（4）立即隔离着火源，将着火源附近电动汽车迅速移动到安全区域。

（5）救援人员必须穿戴绝缘鞋和胶皮手套，禁止直接触摸不接地的金属，禁止触动电缆托架和移动电缆。

3. 充电站内变压器火灾处置应对分析

充电站内变压器出现下列情况之一时，应立即退出运行：变压器套管破损严重，并有放电现象；变压器运行声响明显增大，或声响时大时小，并同时伴有崩裂声；变压器的温度异常升高，超过警戒值且无法降温；供电系统发生危及变压器安全的故障，而变压器保护装置拒绝动作；变压器临近设备着火或爆炸，对变压器的设备安全造成威胁；变压器冒烟着火。

当变压器发生爆炸或着火时，必须立即断开变压器与供油系统间的线路，将冷却系统的电源断开，使变压器设备及附属设备停止运行，并马上开展扑救。充电站内变压器火灾处置必须分秒必争，尤其在变压器刚刚起火时要尽快扑救，避免扩散。若充电站变压器有自动灭火系统，首先要将高压水泵开启，再把电动喷雾阀门打开进行喷雾灭火。可以用于变压器消防处置的灭火剂有干粉灭火器、四氯化碳灭火器及沙子灭火等，原则上变压器消防处置使用的灭火剂不可导电。泡沫灭火器的灭火剂有一定的导电性，不可用于变压器及附属设备的带电灭火。若变压器中的油发生泄漏并着火，则使用泡沫灭火器进行灭火，并及时向消防单位求助。

4. 充电站内充电系统火灾处置应对分析

充电站内充电系统以电气设备为主，当系统发生电气火灾时，首先断开相关电源，避免发生大规模电气着火。若情况紧急，必须要扑救人员带负荷切断相关电源时，扑救人员要佩戴胶皮手套，使用适合的绝缘工具。当火场远离开关或因火势无法切断电源，也应设法将相关线路切断，相线和中性线应分开错位剪断，以免在钳口处造成短路，并防止电源线掉在地上造成短路使人员触电。

充电系统初起火时，现场人员应立即选用适当的灭火器进行扑灭，处置时所选用的灭火剂必须有良好的绝缘性能，如二氧化碳灭火器、干粉灭火器或干燥沙子，不可使用具有导电性的灭火剂（如水和泡沫灭火器）进行处置。情况严重，应立即打"119"报警，请求消防单位援助。

5. 充电站内火灾综合处置应对分析

电动汽车充电站多位于百货商场、居民小区、集中办公区等人员密集的大型公众场所，一旦发生火灾事故，火势扩展速度快，人员疏散困难，且易造成人员伤亡及财产损失。充电站发生火灾的主要特征有：①起火点多，起火原因比较复杂；②火灾荷载大，即充电站发生火灾，全部可燃物燃烧所释放的总热量高；③火灾蔓延迅速，易造成大规模火灾；④起火后人员疏散及施救困难。

1.4.5 充电站内发生火灾须坚持的原则

（1）坚持"救人第一"的基本原则，其次进行火灾扑救与财产施救，当到场的消防力量较多时，救人与扑救火灾方可同时进行。

（2）控制火势蔓延，迅速将火源附近电动车等转移至安全地点，并且将消防力量部署在火势发展的主要方向和受火势威胁严重的部位上，保证人员密集区与贵重财产的消防安全。

（3）将各着火源切断，逐个逐片处置，有效使用室内外的消防系统，正确选择灭火手段和灭火器。

知识拓展

1. 提高充电站危险化学品安全性的技术措施

1）替代

提高危险化学品安全性、降低其危害性最为理想的方法就在于，原料选择时通过替代技术，将有毒或高毒性化学品用无毒或低毒化学品替代，将易燃物用可燃物替代等，从而有效降低危险化学品可能会对人体造成的伤害，减少火灾爆炸等安全事故风险。

2）提高技术工艺

替代措施难以满足工艺技术、安全管理要求时，可积极进行技术改造，优化技术指标与流程，不断提高、完善危险化学品生产与使用的技术水平，选择具有更高安全性、更低危害性的技术工艺，从而降低甚至消除危险化学品可能带来的危害。

3）防火防爆隔离

通过封闭、屏障设置等方法，将危险化学品与操作人员有效隔离，拉开危险源与相关人员之间的距离，是目前安全管理与控制较为有效的方法之一。一方面，要重视对危险化学品储罐、各种压力容器的使用与日常安全检测，如对于浓硫酸罐区的隔离管理，需要设计容积、高度足够的围堰，围堰内侧还要做防腐处理，储罐内要安装防护型液位计，检修储罐时要将罐内气体全部放空，避免与潜在火源发生接触；注意防腐设计，对于收容后的废酸，还要用石灰粉进行中和排放；储罐要注意安置通气除湿装置，做好保湿措施，至少每两年要检测一次储罐厚度，至少每四年要检测一次储罐内部。另一方面，也可以通过防火堤、防爆墙、排水沟等隔离措施进行安全管理，严格按照相关规范做好防火堤、防爆墙、排水沟的修建与整改，做好防腐蚀处理，内侧要注意喷涂防火隔热涂料。

4）加强充电间、仓储区通风与温度管理

第一，温度管理，蓄电池在充电时温度、电压会过高，当使用环境为高温环境或充电器出现失控失效或过放等问题时，若这些热量不及时疏散，可能会导致漏液、冒烟、放气等安全问题，严重时还可能会出现剧烈燃烧或爆炸，引发安全事故。但在低温下，又会使蓄电池出现充放电效率低、电池性能差等问题，因此，充电站的温度管理成为重要的安全问题。不

同类型的蓄电池对于充电间有不同的温度要求，铅酸蓄电池要求温度为5~35℃，锌银蓄电池要求温度为15~35℃，镉镍蓄电池要求温度为18~25℃。当充电间温度过高时，蓄电池在充电时出现的过热反应会加重充电站的温度问题，从而加剧产生安全隐患。

第二，通风管理，在作业场所加强通风措施管理，能够有效降低场所内的有害有毒气体、酸雾、蒸气、粉尘等危险化学品及其释放物的浓度，使作业人员的人身安全得到更有效保障，降低发生燃烧、爆炸等安全事故的风险。目前，敞开式屋顶等自然通风与排风系统等机械通风措施相结合，能够加快作业场所空气置换速度，确保室内空气流通。充电过程中会产生一些酸雾，因其密度大于空气会向下散发，而密度相对较小的氢气则会向上散发。在充电区域底部安装排风系统，吹动酸雾降落在充电间底部，并沿地沟向酸雾净化收集装置中排放，而氢气则会继续向顶部扩散，经顶部半敞开式屋顶或排气口、天窗等出口排放至充电间外部，提高充电间安全性。充放电作业区要做好防火分隔，通过自然通风与机械通气双重模式，充分发挥自然通风设施的作用，同时利用常开防爆风机加强分隔。

5）作业人员加强个体防护

充电站对于作业人员有严格的个体防护要求，需要配备防化服、防毒面具、耐酸碱腐蚀手套和口罩、绝缘棒、绝缘手套、绝缘服、绝缘鞋、绝缘垫、安全护目镜等个人安全防护用品。这一措施是目前防止危险化学品及其释放的有毒有害物质进入人体的最后屏障，充电站必须严格落实相关防护用品佩戴要求。

2. 加强充电站危险化学品安全组织管理的措施

1）做好化学危险品识别管理

危险化学品识别是安全管理措施的重要基础，要对化学危害品进行风险评估与安全警示。由具有丰富经验与较高能力，对物质、设备与操作危险有充分了解的人员对危险化学品进行缜密的评估。评估范围包括作业人员人身伤害、公众伤害、环境影响、设备损害、火灾、爆炸及环境影响与污染等，充分掌握所有危险化学品及电解液配置等过程中存在的危险或潜在风险，进而制定针对性措施，同时需立即向当地主管部门上报。

2）制定安全防范措施

要制定全面的安全防范措施，包括：化学品暴露杜绝措施与使用量减少措施；可替代方法；工艺变更方法；带有局部通风设备的局部密封措施；局部排气通风措施；个人防护设备；做好上岗培训等。要对工作人员开展安全教育，要求了解相关内容，包括：所涉及化学品的相关化学数据及其发生泄漏或污染时可能造成的危害及应急处理措施；工艺操作流程、个人防护用品等制度；正确的物料、半成品、成品处理方法、运输方法等；化学品泄漏处理技术；特殊装置或设备操作技术；化学品浓度日常检测等。

3）落实"一书一签"机制

危险化学品储区、操作区要落实"一书一签"制度，即安全技术说明书与安全标签制度，通过安全技术说明书告知危险化学品的危害信息，通过安全标签加强警示，安全标签文字、图形要做到通俗易懂。

4）加强储存与运输安全管理

危险化学品的储存与运输是安全管理的两个重要环节，要严格按照国家相关标准执行，落实铁门铁窗、双人双锁、专人管理、出入登记、据实消耗、定期检查等制度。储区要具备耐酸、耐腐蚀、排水、防火、热源隔离、排风等措施，储区与运输设备要加强明火、火花、电弧隔离措施，配备通风设备，工作期间要保持每小时通风换气不少于8次。

5）制定应急预案

充电站要制定严格、有效的应急预案，针对火灾、化学品泄漏、爆炸等可预见的安全事故，做好电解液配置区、危险化学品存储区、整个现场的相关应急预案，要求所有人员熟知、了解自身职责，明白在事故发生时应该做的事情，加强培训与安全事故演练，确保熟知预案处理方法。

学习情境 2

交流充电桩的运行与维护

学习任务 1　认知交流充电桩

> **学习目标**
> 1. 掌握交流充电桩的结构。
> 2. 掌握交流充电接口各触头的作用。
> 3. 了解连接枪的结构要求。

2.1.1　交流充电桩概述

纯电动汽车车载充电机构造

交流充电桩通过电缆接收来自公共交流电网的电能，再通过连接线接到车辆交流充电口进行充电，交流电进入新能源汽车后，需要通过车载充电机进行 AC/DC 转换后给动力电池充电。目前国内市场上的轿车用车载充电机主要有两种功率：3.3kW（输入 AC 220V/16A，输出 DC 200~420V/10A）和 6.6kW（输入 AC 220V/32A，输出 DC 20120V/20A）。交流充电桩系统简单，占地面积小，安装于电动汽车充电站、公共停厂场、住宅小区停车场、大型商厦停车场、路边停车位等场所，可为具备车载充电机的电动汽车提供交流电能，具备充电接口温度控制、电子锁止、绝缘检测、短路、过电压、欠电压、过电流等保护功能，确保充电桩安全可靠运行，防护等级 IP 54，使用操作简便，是小客车型电动汽车主要的充电设备。

带连接枪的交流充电桩可以利用桩上的充电枪直接给电动汽车充电。带连接座的交流充电桩给电动汽车充电时，需配置适配线才能进行充电。但要注意，大于 32A 的三相交流充电不允许采用活动电缆充电。图 2-1-1 所示为立式交流充电桩。

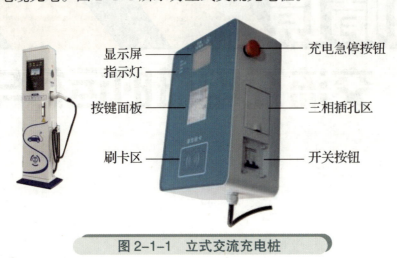

图 2-1-1　立式交流充电桩

慢充对电池的影响比较小，有利于电池的长期循环使用，但是充电时间长。快充时的充电电流较大，容易引起发热，导致温度过高而影响电池寿命。目前电动汽车上都有 BMS，可以对电池的温度、充电电流进行实时监控，从而确保电池可以达到设计的使用寿命。

2.1.2　交流充电桩的结构

交流充电桩的输入端连接到交流电网上，输出端安装充电插头，与新能源汽车对接，为其提供电能补给和其他相关的服务。交流充电桩在整体架构的设计上，采用了模块化的方法，由桩体、电气模块、计量模块、账务管理模块及人机交互模块五个部分组成。交流充电桩的结构如图 2-1-2 所示。

1. 桩体

按照安装使用的方式及占用空间大小的不同，桩体分为落地式和壁挂式两种不同的外观类型。落地式充电桩一般安装在大型停车场或者路边停车位等空间较为宽敞的地方，安装方式为地面式安装，设备所占据的体积和空间都比较大，

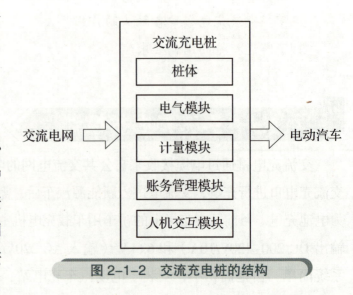

图 2-1-2　交流充电桩的结构

如图 2-1-3 所示。壁挂式充电桩一般安装在室内或者周围有墙壁的地方，如地下停车场或者车库内部，安装方式为壁挂式安装，桩体的体积和占据的空间都比较小，如图 2-1-4 所示。

图 2-1-3　落地式桩体

图 2-1-4　壁挂式桩体

2. 电气模块

电气模块负责控制充电桩电能输出的断开和导通，当发生紧急情况时，还能够及时断开电能输出，保护充电桩和人员安全。一般在电气模块中，使用交流接触器作为负责电源导通或者关闭的开关器件。其工作原理如图 2-1-5 所示。

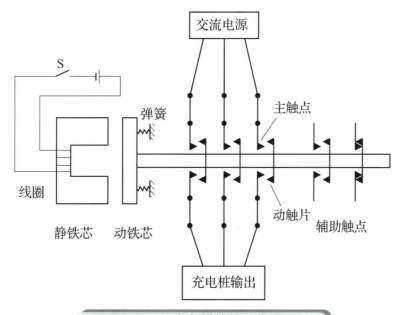

图 2-1-5　电气模块的工作原理

交流接触器内部有导线线圈规则地缠绕在静铁芯上；动铁芯通过弹簧固定，与动触片和辅助触点的触片联动。当内部开关 S 闭合之后，电路导通，线圈上有电流通过，静铁芯便会产生电磁吸力。此时，动铁芯受到该吸力，并克服弹簧的反作用力，带动动触片移动，闭合开关，导通电源和负载电路。开关 S 断开后，静铁芯上的电磁吸力便会消失，动铁芯在弹簧的作用力下复位，同时，与之联动的动触片也与主触点分开，断开了电源与负载的电路。

3. 计量模块

计量模块用于监测交流充电桩实时的电压、电流、输出电能及输出功率等数据，目前使用较为普遍的是智能电表。智能电表不仅具有普通电表的电量计量功能，还可以实现用户端控制，并且与控制器进行双向数据通信。同时，在计量模块内使用智能电表还可以提高设备的自动化程度。图 2-1-6 所示为充电桩控制模块。

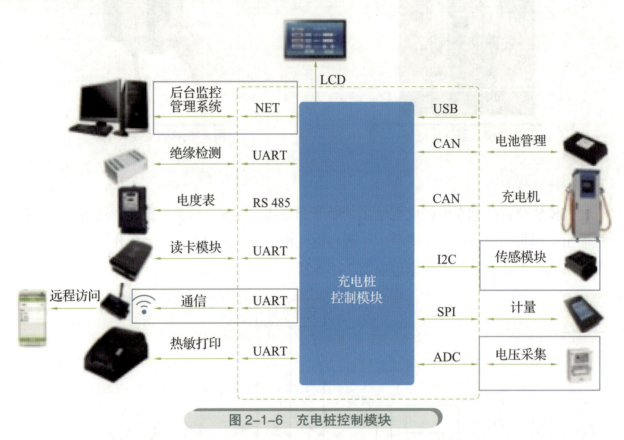

图 2-1-6 充电桩控制模块

4. 账务管理模块

账务管理模块根据当前实时电价和已消耗电量等数据计算本次消费金额，并收取费用、打印账单。完成账务管理任务需要控制器和嵌入式打印机共同配合。充电桩采取梯形电价政策，控制器计算本次的消费金额并完成收费，打印机与控制器进行通信，控制器将消费信息发送至打印机，打印本次充电的账单详情。

5. 人机交互模块

人机交互模块主要负责与用户的"沟通"，一般使用触摸屏作为载体来实现这一功能。用户根据自身需要进行某些功能的选择，同时充电桩可以实时显示充电过程中的详细信息。人机交互界面是实现自主充电的关键要素，用户通过显示屏上的提示与功能选择，可以设定个性化的充电方案，以满足不同类型用户的需求，如图 2-1-7 所示。

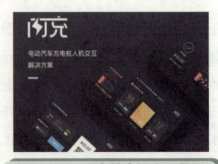

图 2-1-7 充电桩人机交互界面

充电桩的五个主要模块在控制器的控制下有序地工作，具有充电过程监测、电路保护监测、实行分时电价、记录并保存所有充电状态和充电历史数据等功能。

2.1.3 交流充电接口

充电桩与新能源汽车充电接口对接之后，通过电缆进行传导式的电能传输，给车载电池进行电能补给。为了保证在充电过程中的人员和设备安全，同时统一不同厂商生产的充电设备，交流充电桩需要使用专用的充电接口。

GB/T 20234.2—2015《电动汽车传导充电用连接装置 第2部分 交流充电接口》中明确规定了新能源汽车传导充电用交流充电接口的各项参数指标要求。该标准对充电对接口的整体设计规则、功能设计、形式规范结构，以及参数和尺寸等都做了详细的定义与说明。在交流充电桩这一侧的接口包含7个触头，触头的布置方式如图2-1-8所示，其电气参数及功能定义如表2-1-1所示。

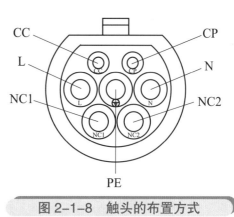

图2-1-8 触头的布置方式

表2-1-1 交流充电接口触头的电气参数及功能定义

触头标号/标志	额定电压和额定电流	功能定义
1—（L）	250V 10A/16A/32A	交流电源（单相）
	440V 16A/32A/63A	交流电源（三相）
2—（NC1）	440V 16A/32A/63A	交流电源（三相）
3—（NC2）	440V 16A/32A/63A	交流电源（三相）
4—（N）	250V 10A/16A/32A	中线（单相）
	440V 16A/32A/63A	中线（三相）
5—（PE）	—	保护接地（PE），连接供电设备地线和车辆电平台
6—（CC）	0~30V 2A	充电连接确认
7—（CP）	0~30V 2A	控制引导

在充电设备端口的对接和断开过程中，为保障设备和人员的安全，设计了不同触头的连接顺序。端口对接时，首先需要接通5号触头，即保护接地触头，保障设备已经接地。然后接通7号触头和6号触头，即控制导引触头和充电连接确认触头，确认对接口连接正常。接口需要断开时，触头的断开顺序与连接过程正好相反。先将控制导引触头和充电连接确认触

头断开连接，再断开保护地触头。具体的线路连接状况如图 2-1-9 所示。

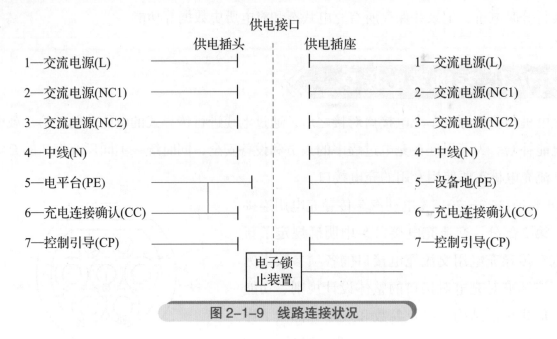

图 2-1-9 线路连接状况

2.1.4 车辆连接器要求及技术指标

1. 车辆连接设计规则

（1）交流充电桩采用单一插头的车辆连接器与电动汽车车辆插孔连接。

（2）连接顺序：连接时应首先连接接地线，最后连接控制导引电路；在脱开的过程中，应该首先断开控制导引电路，最后断开接地。

（3）车辆连接器应有锁紧装置，用于防止车辆连接器与电动汽车连接时意外断开。

（4）车辆连接器应具备防误操作功能。

（5）环境条件：相对湿度 5%~95%，海拔 1 000m，特殊地区使用时，根据当地环境条件在订货时指定。

（6）防触电保护：应保证操作人员在正常使用时不会触及车辆连接器的带电部件。应保证车辆连接器端子的任意导电部分不会接触到电动汽车车辆插孔的外壳，保证电动汽车车辆插孔的任意导电部分不会接触到车辆连接器的外壳。

（7）车辆连接器寿命：空载时操作 10 000 次。

（8）充电连接装置在正常使用时应性能可靠，对使用者和周围环境没有危害。

（9）充电连接装置易触及的表面应无毛刺、飞边及类似尖锐边缘。

（10）供电插头、供电插座、车辆插头、车辆插座的外壳上应标有制造商的名称或商标、产品型号、额定电压和额定电流等信息。

2. 连接枪结构要求

（1）供电插头、供电插座、车辆插头和车辆插座应有配属的保护盖，这些保护盖和与其配套的部件之间应有起固定连接作用的附件装置（如链、绳等），且不使用工具时应不能拆卸，如图2-1-10所示。

图2-1-10　供电插头、供电插座、车辆插头和车辆插座应有配属的保护盖

（2）供电插头、供电插座、车辆插头和车辆插座应包括接地端子和触头，且在连接和断开过程中，接地触头应最先接通和最后断开。

（3）供电插头和车辆插头的外壳应将端子和充电电缆的端部完全封闭。

（4）供电插头和车辆插头的部件（如端子、插销、壳体等）应可靠固定，正常使用时不应松脱，且不使用工具时应不能从供电插头或车辆插头上拆卸。

（5）充电接口应保证使用者不能改变接地触头或者中性触头（如果有）的位置。

（6）供电插头和供电插座之间，车辆插头和车辆插座之间只能按唯一的相对位置进行插合，从而避免由于误插入引起插头和插座中不同功能的插针和插套的导电部分接触。

（7）供电插头和车辆插头的电缆入口应便于电缆导管或电缆保护层进入，并给电缆提供完善的机械保护。

（8）绝缘衬垫、绝缘隔层及类似部件等应具有足够的机械强度，并应固定到外壳或本体中。

3. 连接器锁止装置

（1）充电接口应有锁止功能，用于防止充电过程中的意外断开，如图2-1-11所示。

（2）在锁止状态下，施加200N的拔出外力时，连接不应断开，且锁止装置不得损坏。

（3）对于直流充电接口，锁止装置应使用专用方式（机械或电子）才能打开。

4. 连接器防触电保护

（1）供电插头、供电插座、车辆插头、车辆插座的防触电保护应满足GB/T 11918—2014《工业用插头插座和耦合器》中第9章的要求。

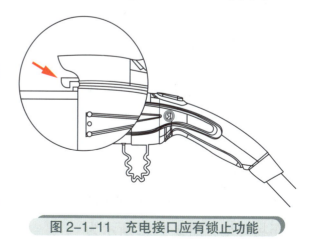

图2-1-11　充电接口应有锁止功能

车辆插头和车辆插座的中性端子和控制导引端子视为带电部件,信号、数据地、接地端子不视为带电部件。

(2)当插入供电插头或车辆插头时,接地端子应最先连接,控制导引端子应在相线端子及中性端子之后连接。

(3)当拔出供电插头或车辆插头时,接地端子应最后断开,控制导引端子应先于相线端子及中性端子断开。

5. 连接器接地措施

(1)对电动汽车充电连接装置的接地保护进行短时间耐大电流测试,接地电路中的部件不应熔化、断开或破损。

(2)和接地端子相连的导线用绿黄双色予以标示。接地导线和中线的横截面积至少应等于相线导线横截面积。

6. 防护等级

(1)在与保护盖连接后,供电插头、供电插座、车辆插头、车辆插座的防护等级应分别达到 IP 54。

(2)供电插头和供电插座、车辆插头和车辆插座插合后,其防护等级应分别达到 IP 55。

知识拓展

1. 交流充电桩和直流充电桩的区别

1)交流充电桩

交流电动汽车充电桩俗称"慢充",是固定安装在电动汽车外,与交流电网连接,为电动汽车车载充电机(即固定安装在电动汽车上的充电机)提供交流电源的供电装置。交流充电桩只提供电力输出,没有充电功能,需连接车载充电机为电动汽车充电,相当于只起到控制电源的作用。

充电桩目前分为交流充电桩和直流充电桩。交流充电桩将输出的单相/三相交流电通过车载充电机转换成直流电给车载电池充电,功率一般较小(有 7kW、22kW、40kW 等功率),充电速度一般较慢,故一般安装在小区停车场等地。图 2-1-12 所示为

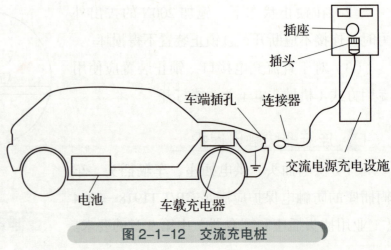

图 2-1-12 交流充电桩

交流充电桩。

2）直流充电桩

直流电动汽车充电站俗称"快充"，是固定安装在电动汽车外，与交流电网连接，可以为非车载电动汽车动力电池提供直流电源的供电装置。直流充电桩的输入电压采用三相四线 AC 380V（1±15%），频率50Hz，输出为可调直流电，直接为电动汽车的动力电池充电。由于直流充电桩采用三相四线制供电，可以提供足够的功率，输出的电压和电流调整范围大，可以实现快充的要求。

直流充电桩（或称非车载充电机）直接输出直流电给车载电池进行充电，功率较大（有60kW、120kW、200kW甚至更高），充电速度较快，故一般安装在高速公路旁的充电站。图2-1-13所示为直流充电桩。

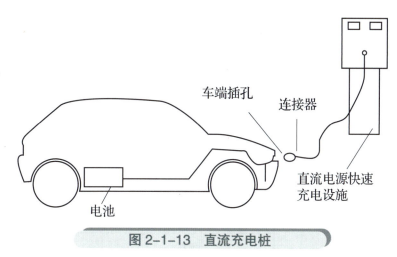

图 2-1-13　直流充电桩

3）两者的区别

简单来说，交流充电桩需要借助车载充电机来充电，直流充电桩不需要这个设备。二者在充电速度上差别较大，一辆纯电动汽车（普通电池容量）完全放电后通过交流充电桩充满需要8h，而通过直流充电桩仅需要2~3h。交流充电桩给电动汽车的充电机提供电力输入，由于车载充电机的功率并不大，不能实现快速充电。直流充电桩是固定安装在电动汽车外，与交流电网连接，可以为非车载电动汽车的动力电池提供直流电源的供电装置，直流充电桩可以提供足够的功率，输出的电压和电流调整范围大，可以实现快充的要求。

2. 常见交流充电桩

1）落地式单相交流充电桩

落地式单相交流充电桩（图2-1-14）是面向新能源电动汽车市场推出的一代高端智能充电单桩产品。该产品支持上线运营和离线充电两种充电方式，适用于不同的充电需求环境；在提供安全、可靠、稳定、高效充电服务的基础上，进一步完善了人机交互功能，支持刷卡、扫码、钥匙启动等多种充电方式，具备超强的扩展性和适应性，能够满足不同的充电需求。

落地式单相交流充电桩的产品特点如下。

图 2-1-14　落地式单相交流充电桩

（1）具有整体运行状态监测、控制保护功能，确保用户充电安全。

（2）实行充电数据管家式管理，确保客户充电数据的完整性与安全性。

（3）具有急停按钮，紧急状态下切断供电回路电源，确保充电安全。

（4）具有定制化峰谷计费功能，节省充电成本。

（5）支持刷卡、APP（扫码）、钥匙启动等多种启动方式，充电操作智能、简单。

（6）电路板具备多种扩展接口，方便进行功能扩展。

（7）运营版单桩支持上线运营、线上结算。

（8）随车送桩支持离线运营，钥匙刷卡启动，充电快捷方便。

落地式单相交流充电桩的产品规格如表 2-1-2 所示。

表 2-1-2　落地式单相交流充电桩的产品规格

名称		参数
系统参数	尺寸	370mm×375mm×140mm/370mm×375mm×1 300mm
	线长	5m
	安装形式	壁挂安装/落地安装
	工作环境温度	-20~+50℃
	相对湿度	5%RH~95%RH
	海拔	≤2 000m
	输入电压	AC 220V×（1±20%）
	充电方式	单充
	额定功率	7kW
整机性能	效率	≥99%
	功率因数	≥0.99
	平均故障间隔时间	20万h
	启动方式	扫码、刷卡、APP、钥匙启动
	防护等级	≥IP 54

2）落地式三相交流充电桩（单枪）

落地式三相交流充电桩（单枪）（图 2-1-15）是针对三相交流充电市场推出的新一代高端智能充电单桩产品。该产品主要适用于三相交流充电的场合，在提供安全、可靠、稳定、高效充电服务的基础上，新增 "1" 型三色跑马指示灯，进一步完善

图 2-1-15　落地式三相交流充电桩（单枪）

了人机交互功能，具备超强的扩展性和适应性，能够满足客户的充电需求。

落地式三相交流充电桩（单枪）的产品特点如下。

（1）具有"1"型三色跑马指示灯，指示明确，时尚动感。

（2）具有液晶触摸屏，充电信息一目了然。

（3）具有急停按钮，紧急状态下保证安全。

（4）具有过电流、过电压、短路、漏电、防雷等多种保护，使用安全。

（5）支持刷卡、APP（扫码）多种启动方式。

（6）具有整体运行状态监测、控制保护功能，确保用户充电安全。

（7）实行充电数据管家式管理，确保客户充电数据完整性与安全性。

（8）具有定制化峰谷计费功能，节省充电成本。

（9）支持刷卡、APP（扫码）、调度充电多种启动方式，充电操作智能、简单。

落地式三相交流充电桩（单枪）的产品规格如表 2-1-3 所示。

表 2-1-3 落地式三相交流充电桩（单枪）的产品规格

名称		参数
系统参数	尺寸	412mm×417mm×826mm（壁挂安装） 412mm×417mm×1 637mm（落地安装）
	线长	4m
	安装形式	壁挂/落地安装
	工作环境温度	$-20 \sim +50$℃
	相对湿度	5%RH~95%RH
	海拔	≤2 000m
	输入电压	AC 380V×（1±15%）
	充电方式	三相交流单充
	最大功率	40kW
整机性能	效率	≥99%
	功率因数	≥0.99
	启动方式	刷卡、APP
	防护等级	≥IP 54

3）落地式三相交流充电桩（双枪）

落地式三相交流充电桩（双枪）（图 2-1-16）是针对三相交流充电市场推出的新一代高端智能充电单桩产品。该产品主要适用于三相交流充电的场合，在提供安全、可靠、稳定、高效充电服务的基础上，新增"Y"型三色跑马指示灯，进一步完善了人机交互功能，具备超强的扩展性和适应性，能够满足客户的充电需求。

落地式三相交流充电桩（双枪）的产品特点如下。

（1）实行计量计费，实时准确。

（2）具有"Y"型三色跑马指示灯，指示明确，时尚动感。

图 2-1-16　落地式三相交流充电桩（双枪）

（3）具有液晶触摸屏，充电信息一目了然。

（4）具有急停按钮，紧急状态下保证安全。

（5）具有过电流、过电压、短路、漏电、防雷等多种保护，使用安全。

（6）支持刷卡、APP（扫码）多种启动方式。

（7）具有整体运行状态监测、控制保护功能，确保用户充电安全。

（8）实行充电数据管家式管理，确保客户充电数据完整性与安全性。

（9）具有定制化峰谷计费功能，节省充电成本。

（10）支持刷卡、APP（扫码）、调度充电多种启动方式，充电操作智能、简单。

落地式三相交流充电桩（双枪）的产品规格如表 2-1-4 所示。

表 2-1-4　落地式三相交流充电桩（双枪）的产品规格

名称		参数
系统参数	尺寸	567mm × 258mm × 1 600mm
	线长	5m
	安装形式	落地安装
	工作环境温度	−20~ +50℃
	相对湿度	5%RH~95%RH
	海拔	≤ 2 000m
	输入电压	AC 380V ×（1 ± 15%）
	充电方式	三相交流单充 / 双枪快充
	最大功率	2 × 40kW
整机性能	效率	≥ 99%
	功率因数	≥ 0.99
	启动方式	刷卡、APP（其他启动方式需定制）
	防护等级	≥ IP 54

4）内嵌式单相交流充电桩

内嵌式单相交流充电桩（图2-1-17）又称路灯式充电桩，是面向充电市场开发的一款新型高端充电产品。该产品体积小，可嵌入路灯中，不占任何多余空间，路灯照明与汽车充电两种功能相辅相成。该产品在提供安全、可靠、稳定、高效充电服务的基础上，进一步完善了人机交互功能，既可以扫码充电，又可以刷卡充电，具备超强的扩展性和适应性，能够满足不同的充电需求。

图2-1-17　内嵌式单相交流充电桩

内嵌式单相交流充电桩的产品特点如下。

（1）具有整体运行状态监测、控制保护功能，确保用户充电安全。

（2）实行充电数据管家式管理，确保客户充电数据完整性与安全性。

（3）具有急停按钮，紧急状态下切断供电回路电源，确保充电安全。

（4）电路板具备多种扩展接口，方便进行功能扩展。

（5）具有定制化峰谷计费功能，节省充电成本。

（6）支持刷卡、APP（扫码）多种启动方式，充电操作智能、简单。

（7）充电效率高，效率达99%以上。

内嵌式单相交流充电桩的产品规格如表2-1-5所示。

表2-1-5　内嵌式单相交流充电桩的产品规格

名称		参数
系统参数	尺寸	130mm × 103mm × 586mm
	安装形式	嵌入式安装
	工作环境温度	−30~ +50℃
	相对湿度	5%RH~95%RH
	海拔	≤ 2 000m
	输入电压	AC 220V ×（1 ± 10%）
	充电方式	单充
	总功率	7kW
整机性能	效率	≥ 99%
	功率因数	≥ 0.99
	启动方式	刷卡、APP扫码
	防护等级	≥ IP 54

5）随车充电桩

随车充电桩（图2-1-18）采用人性化结构设计理念和前沿的电子电路技术，将产品的用户体验和安全性放到第一位。它尺寸小、质量小，具有专业的包装袋，适用于私人家用或小区停车场使用。它还可配套于车企，适用于车企随车送桩，通过强大的功能性和高性价比，来赢得用户的青睐。

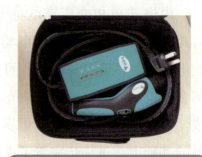

图2-1-18 随车充电桩

随车充电桩的产品特点如下。

（1）具有过电流、过电压、短路、漏电、防雷等多种保护，使用安全。

（2）具有多个LED指示灯，工作状态一目了然。

（3）尺寸小巧，携带方便。

（4）使用家用16A插座即可充电，充电便捷。

随车充电桩的产品规格如表2-1-6所示。

表2-1-6 随车充电桩的产品规格

名称		参数
系统参数	尺寸	249mm×97mm×54mm（枪） 191mm×89mm×50mm（控制盒）
	线长	6m
	工作环境温度	−30~+50℃
	相对湿度	5%RH~95%RH
	海拔	≤2 500m
	输入电压	AC 220V×（1±15%）
	充电方式	单充
	最大功率	2.8kW
整机性能	效率	≥99%
	功率因数	≥0.99
	启动方式	即插即充
	防护等级	≥IP 54

学习任务2 认知交流充电桩控制逻辑

学习目标

1. 掌握交流充电桩的充电控制流程。
2. 掌握交流充电桩电气系统的原理。
3. 了解交流充电桩的控制引导电路。
4. 掌握交流智能充电桩的操作流程。

2.2.1 交流充电桩充电控制流程

（1）交流供电：车辆停稳熄火，取充电桩插枪连接车辆交流充电座。
（2）低压唤醒整车控制系统：充电唤醒。
（3）检测充电需要。
（4）BMS给车载充电机发送充电需求信息，并闭合正负极母线继电器。
（5）车载充电机开始工作，进行充电。
（6）电池检测充电完成后，给车载充电机发送停止指令。
（7）车载充电机停止工作，电池断开继电器。
（8）充电桩监测到输出断开后，切断交流输出，充电完成并结算。

2.2.2 交流充电桩电气系统原理

交流充电桩上因不带充电机，充电由车载的充电机完成，因此一般不需要CAN口与BMS通信，主流交流充电桩的通信主要有RS485和GPRS/WIFI/以太网。电能表和控制单元之间的通信，一般通过RS485相连，完成电量的统计、消费等。WIFI、GPRS、工业以太网等，主要是跟网络、充电APP等互联，实现远程监控、控制等。

主回路由输入保护断路器、交流智能电能表、交流控制接触器和充电接口连接器组成；主回路输入断路器具备过载、短路和漏电保护功能；交流接触器控制电源的通断；连接器提供与电动汽车连接的充电接口，具备锁紧装置和防误操作功能。

二次回路由控制继电器、急停按钮、运行状态指示灯、充电桩智能控制器和人机交互设备（显示、输入与刷卡）组成。二次回路提供"启停"控制与"急停"操作；信号灯提供"待机"、"充电"与"充满"状态指示；交流智能电能表进行交流充电计量；人机交互设备则提供刷卡、充电方式设置与启停控制操作。

交流桩内部的低压系统供电来源是 AC 220V 的电网，需要的低压电一般是 DC +5V、DC ±12V 或 DC ±15V，其中 +5V 给主控、显示等供电，±12V/±15V 给模拟电路、充电检测、电插锁等供电。提供这些直流电最理想的方式是单电源，即一个 AC/DC 提供 +5V 和 DC ±12V/±15V 多路输出。当中比较麻烦的是给电插锁供电，电插锁的工作电压一般是 DC +12/+15V，平时基本不耗电，在动作瞬间，电流可达 2A。对于多路电源而言，±12V/±15V 一般属于电源的辅路，提供瞬态大电流的能力比较弱，在动作瞬间会让电压快速下跌，可能导致电插锁不能有效闭合/断开，也让其他共用 DC ±12V/±15V 的电路受影响。电气系统原理如图 2-2-1 所示。

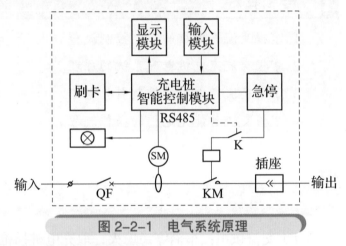

图 2-2-1 电气系统原理

2.2.3 交流充电桩控制引导电路

充电设备与车载充电机的对接口在连接之后，连接的双方都需要能够读取到对接口当前连接状态的数据。控制引导就是充电设备与新能源汽车之间通信和连接的过程，是确保充电设备与新能源汽车之间稳定连接和安全充电的关键要素。

根据 GB/T 20234—2015《电动汽车传导充电用连接装置》中关于交流充电对接装置的相关规定，充电桩需使用控制引导电路。通过该电路实时获取对接口当前的连接状态，并计算额定电流等参数。控制引导电路原理图如图 2-2-2 所示。

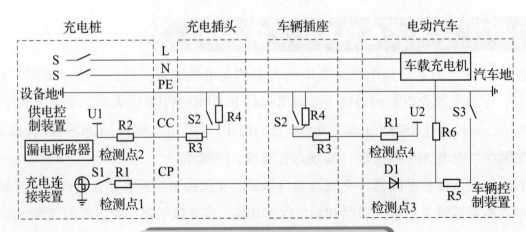

图 2-2-2 控制引导电路原理

控制引导电路由充电桩部分、充电插头部分、车辆插座部分及新能源汽车部分所组成。在图2-2-2中，开关S表示充电桩内部与交流接触器联动的电源开关。U1和U2为12V的直流电源。电阻R3和R4代表充电插头和车辆插座中导线和触头等的内阻。S1代表充电控制装置中控制充电连接装置的开关。S2代表充电插头和车辆插座之间连接或者断开的开关。充电插头内部还设置有开关锁止装置，开关S2与其是联动的。当S2断开时，开关锁止也是打开状态；当S2闭合后，开关锁止同时也闭合，禁止车辆在充电过程中移动。S3是新能源汽车车辆内部用于控制装置的开关。开关S1的前边是脉冲宽度限制（Pulse Width Modulation，PWM）波信号产生器。

充电插头与车辆插座相对接后，相当于供电电源与车载充电机连接。此时为确保线路连接正常，需要获取检测点2和检测点4两处的电压值。当检测点2和检测点4的电压值都为12V时，表明开关S2没有闭合，充电插头和车辆插座之间没有连接成功，引导电路处于断开状态。当两个检测点的电压值都变为6V时，表明S2已经闭合，引导电路处于导通状态，接口已经连接成功。

当充电插头和车辆插座确认连接成功之后，再闭合开关S1。此时，充电桩会产生PWM波信号，该信号从充电桩一侧传送到新能源汽车一侧，最终传送至车载充电机。充电机接收该PWM信号，并分析计算供电装置可以输出的最大电流和功率。同时，车载充电机进行自检功能，并闭合开关S3。

当充电插头和车辆插座连接成功，且车载电池准备好充电之后，供电控制装置控制充电开关S闭合，然后启动充电。如果充电完成或者充电过程中连接装置断开，则系统立即控制交流接触器断开，切断充电开关S回路，停止充电，保障人员与设备的安全。

2.2.4 交流智能充电桩操作流程

1. 系统功能

电动汽车交流充电桩项目的桩体控制系统，是为了实现整个充电过程的刷卡、充电、中止充电、返还金额、打印票据等，以及这些操作之间的联系。该系统主要包括三个功能模块，分别为充电流程、异常处理流程和系统管理模块。

2. 充电操作

该系统共有两个充电接口（A、B口），两个充电接口相互独立，每个充电接口都有三种充电方式：按金额充、按电量充和自动充，用户通过选择一种充电方式来实现充电功能。

3. 按金额充功能

用户输入一定的充电金额，系统预先扣除对应的金额，汽车电池充满后，如果已充电金额小于用户输入的金额，系统通过充电后刷卡来返还多余金额。

4. 进入方式

用户进入系统首页面（图2-2-3），同时有语音提示"欢迎使用国家电网电动车充电系统"。

单击"充电"按钮，进入输入密码页面，如图2-2-4所示。

输入六位密码，单击"确认"按钮，进入刷卡页面，如图2-2-5所示。注意：用户密码连续输错三次，卡将被锁定。

图2-2-3 首页面

图2-2-4 输入密码页面

图2-2-5 刷卡页面

5. 刷卡

在刷卡页面刷卡，如果上次无异常记录，则进入卡内余额显示页面，如图2-2-6所示。

其中，"卡内余额"表示目前卡上存在的金额。"冻结金额"表示此次充电之前，在其他充电桩上，充电未用完，且未返还的金额。单击"下一步"按钮，选择空闲线路。

6. 选择插口

用户刷卡后，进入A、B线路选择页面，如图2-2-7所示。系统提供A线路和B线路两个按钮，用户可以任意选择空闲的插口。

图2-2-6 卡内余额显示页面

图2-2-7 A、B线路选择页面

7. 选择充电方式

在充电方式选择页面（图2-2-8），单击"按金额充"按钮，进入充电金额输入页面。

在充电金额输入页面输入充电金额，单击"确认"按钮，进入刷卡提示界面，同时进行语音提示"请刷卡"。等待一定时间后，用户如果没有操作，自动返回主界面。

3. 充电过程

系统扣除用户输入金额，进入充电页面，如图 2-2-9 所示。

图 2-2-8 充电方式选择页面

在充电页面显示充电信息，包括已充电百分比、充电电压（伏）、充电电流（安）、充电电量（度）、充电金额（元）、充电时间（小时）。充电过程中可进行如下选择。

（1）充电未完成时中断：单击"中止"按钮，系统提示刷卡并返回剩余金额。

（2）充电正常结束：充电百分比为 100%，"中止"按钮变为"确定"按钮，单击"确定"按钮，系统提示刷卡并返回剩余金额，如图 2-2-10 所示。

图 2-2-9 充电页面

图 2-2-10 返回剩余金额页面

2.2.5 充电注意事项

（1）雷雨天气不能进行户外充电。

（2）不要用湿手或站在水里去连接、断开充电枪。

（3）不建议使用快速充电将动力电池充至满电。

（4）连接充电枪时需先按下按钮，再慢慢接入接口。

（5）快充枪内含电子锁，在控制端未结束充电时不能强行拔下充电枪。

知识拓展

1. 我国充电基础设施情况

2021 年 1—2 月，我国充电基础设施增量为 3 万台，公共充电基础设施增量同比增长 100.8%，其中随车配建充电设施增量持续上升，同比增长 322.9%。其中，2021 年 2 月比 1

月公共充电桩增加 2.6 万台，2 月同比增长 57.6%。

截至 2021 年 2 月，中国充电联盟内成员单位总计上报公共类充电桩 83.7 万台，其中交流充电桩 48.8 万台，直流充电桩 34.9 万台，交直流一体充电桩 481 台。最近一年，月均新增公共类充电桩约 2.6 万台，公共充电基础设施稳定增长。

2021 年 2 月，全国公共类基础设施充电总电量约 6.82 亿 kWh，比上月减少 1.47 亿 kWh，环比下降 17.7%，同比增长 295.5%。

全国充电电量主要集中在广东、江苏、四川、山西、陕西、北京、山东、福建、河南、浙江等省市，电量流向以公交车和乘用车为主，环卫物流车、出租车等其他类型车辆占比较小。

从普及程度最高的充电桩来看，我国公共充电基础设施建设区域较为集中。截至 2021 年 2 月，公共充电桩保有量共计 83.7 万台，其中广东、上海、北京、江苏、浙江、山东、安徽、湖北、河南、河北前 10 省市建设的公共充电基础设施占比达 72.0%，集中度较高。

在充电站建设方面，截至 2021 年 2 月，全国充电站保有总量共计 6.19 万座，其中广东、江苏、浙江、北京、上海、山东、河北、天津、四川、湖北前 10 省市合计保有量为 4.38 万座，集中度高达 70.8%。

随着国家政策鼓励换电模式，换电站的大规模建设也提上了日程。截至 2021 年 2 月，全国换电站保有量共 663 座，其中北京、广东、浙江等前 10 省市合计保有量为 581 座，集中度高达 87.6%。其中，换电运营商奥动新能源 307 座、蔚来 192 座、杭州伯坦 164 座。

2. 国家推动新能源汽车下乡，城镇市场将成为充电桩新的增长点

国家大力推动新能源汽车发展，并对中国庞大的城镇内需市场进行挖潜。尤其是 2020 年工信部、商务部等四部委联合对外发布的《关于开展 2021 年新能源汽车下乡活动的通知》，进一步优化下乡汽车品牌和车型选择，显示出对城镇市场的深耕布局。无不彰显出国家对新能源汽车发展的有力支持，强力推动我国新能源汽车下乡普及。

各地政府都在进一步向乡镇充电基础设施倾斜，新能源补贴方面将向充电基础设施建设及配套运营服务等方面倾斜。地方政府纷纷提出充电设施建设目标以及相关保障措施，并通过制定地方性建设补贴、充电服务费上限、建设审批等政策细则促进乡镇充电基础设施的建设。

学习任务3 交流充电桩的运行与维护

学习目标

1. 掌握运维岗位的参考组织架构。
2. 掌握运行维护组的参考岗位职责。
3. 掌握服务管理组的参考岗位职责。
4. 掌握定期巡检制度。

2.3.1 运维岗位参考组织架构

运维管理中心下设运行维护组和服务管理组,如图 2-3-1 所示,部门总体职责如下。

(1)负责落实公司运维服务战略规划,运维管理中心主管是设备运行、维护及安全管理第一责任人,全面负责各充电站的维护工作。

(2)组织和协调运行维护组、服务管理组的业务管理与人员管理,组织和监督人员落实岗位责任制。

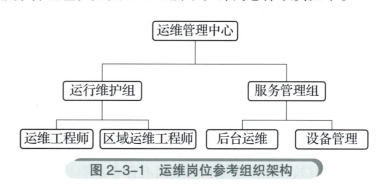

图 2-3-1 运维岗位参考组织架构

(3)对运行维护组、服务管理组分配运维管理平台的权限。

(4)组织制定各站工作计划,包括日常维护工作计划、定检计划,并督促完成。

(5)定期组织巡视设备,掌握运行状况,核实设备缺陷,督促消缺。签发并按时报出总结及各种报表。

(6)定期组织召开周例会、月度例会,及时总结分析运行维护工作情况,查找存在问题,制定有效措施并及时加以落实解决。

(7)组织运行维护组、服务管理组的技术、业务学习与培训。

(8)组织运行维护组、服务管理组的安全管理培训,提升安全防范意识,提高安全措施技能。

（9）负责协调运维服务活动需要的各种资源。

（10）负责组织重大事件、重大问题的处理。

（11）负责编制年度备品备件采购计划。

（12）负责与其他职能部门完成与运维服务体系以及资质、合同等相关的工作。

2.3.2 运行维护组参考岗位职责

（1）主要负责一线充电设备的稳定运行，出现充电问题及时解决。

（2）保证安全的组织工作和技术措施，并有效执行；安全高于一切，现场维护时安全要放在首位。

（3）深入实际掌握设备运行情况，及时协调和组织处理技术问题；并针对问题研制维护检修装备，提高检修工作效率。

（4）组织并参与新、改、扩建设备验收，负责站内各种设备技术资料的收集、整理。

（5）负责充电设备缺陷管理，定期开展设备运行诊断分析并制定定检计划。

（6）运行维护组组长是各站设备的运维负责人，负责设备的检修工作及其他运维人员的安排。

（7）负责制定常见故障问题及其处理办法，定期开展技能培训。

（8）负责及时解决设备的故障问题，分析并尽可能提出解决措施。

（9）负责各运维人员在运维工作过程中的安全问题，防止发生触电、火灾等其他安全问题。

（10）负责运维工具的管理使用，提高现场运维工具的方便性，包括测试测量工具的升级、设备升级工具。

（11）确保和提高系统设备的使用率，做好各类设备运行状况的记录工作，保证维修工作快速有效，制定定期检修及所有设备的巡检计划，提高监控设备的完好率和降低故障的发生率。

2.3.3 服务管理组参考岗位职责

（1）负责售后问题、充电问题、场站问题和充电设备的接受与处理。

（2）负责运维资料和文档的整理、管理。

（3）负责运维平台下发的内容与整理，对于现场反映的充电故障情况进行分析、总结和归类，将故障情况传递给相应的运维工程师。

（4）负责运维平台管理系统的维护，监视运维平台上报的故障内容，及时处理上报的故障，查询、下发、补发运行维护组工作单。

（5）充分做好后勤保障工作，保证一线运维的正常工作和运维情况总结、分析等，为运维人员提供相关资料。

（6）负责运行维护组对于充电设备故障问题的解决整改跟踪。

（7）负责运维安全问题整改跟踪，对运行维护组在运维过程中存在的不规范安全问题提出整改措施。

（8）负责充电场站和充电设备质量问题反馈、质量问题整改跟踪、设备更换。

（9）负责充电场站和充电设备的备品备件管理，制定申请、领取、替换流程。

（10）监督故障处理流程和结果，定期向用户做回访，保证运维服务质量。

（11）组织并参与新、改、扩建设备验收，负责站内各种设备技术资料的收集、整理、管理，建立健全技术档案和设备台账。

（12）负责处理客户有关充电服务的请求，建立/更新用户档案，根据问题性质决定解决问题的方法并跟踪其执行，同时把信息反馈给用户。

（13）编制维护手册，建立相应的系统检测指南，规范系统检测步骤，建立完备的维护过程文档资料，统一格式、做好分类，最终建成维护文档库（利用日常积累的故障及解决方案对设备现状进行预先判断）进行过程管理和维护的状态管理。

2.3.4 定期巡检制度

充电桩场站定期巡检是为了更好的保证充电场站的正常运行和充电桩正常工作充电，巡检内容围绕系统充电功能、系统的各项技术指标及操作运行情况，逐点、逐台、逐项地进行检验，边检验边进行记录，并排除发现的故障。当充电桩系统需要升级程序版本时，需要对每一台充电桩进行设备程序升级。定期巡检制度如图2-3-2所示。

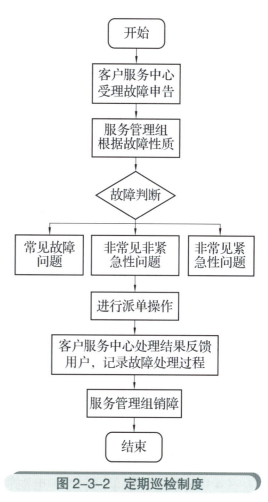

图2-3-2 定期巡检制度

2.3.5 故障处理内容和方法

1. 故障申报及处理

服务管理组负责统一受理客户故障申告。

2. 故障转派

服务管理组在受理故障申告之后,及时进行故障转派;根据故障问题、故障场站信息、故障场站桩信息分类进行派单;由相应的维护人员接障。

3. 故障解决

各类维护人员收到客户服务中心报障后,立即组织协调、解决故障。维护人员如遇到重大故障和疑难问题,则向技术部门提交,技术部门负责进行技术支撑;技术部门如遇到重大故障和疑难问题,则向厂家提交,厂家负责进行技术支撑和人员支持。

4. 故障上报

各运维人员遇到重大故障,要在积极处理的同时上报运维服务组,并由运维服务组统一处理。

5. 故障通报

当各类维护人员发现影响业务的系统平台故障时,应及时通报智能运维管理中心,由智能运维管理中心对相关故障进行拦截处理。

6. 故障分析报告

重大故障处理完毕后,按相关运维管理规定向所属上级部门提交详细的分析报告。

2.3.6 交流充电桩维修维护人员要求

维修维护人员必须具有电工职业资格证,并经专业培训,须具备电气基本知识、电气安全知识、充电桩安全操作流程、触电急救及紧急处理等各项能力。同时,要熟练掌握交流充电桩能正常充电的条件:

(1)充电线连接确认信号正常;

(2)充电桩供电电源正常(含220V和12V)及车载充电机工作正常。

(3)充电导引控制信号输出正常(6V/9V/12V)。

(4)充电桩、整车控制器、电池管理系统之间通信正常。

(5)动力电池电芯温度为5~45℃。

(6)单体电池最高电压与最低电压差小于0.3V(300mV)。

(7)单体电池最高温度与最低温度差小于15℃。

(8)绝缘性能大于20MΩ。

(9)实际单体最高电压不大于额定单体电压0.4V。

(10)高、底压电路连接正常(远程开关关闭状态)。

2.3.7 设备管理

主要维护设备包括箱式配电柜、监控设备、充电桩、二次控制柜、消防设施，如表2-3-1所示。

表 2-3-1 充场场站设备设施维护项目清单

序号	维护维保内容	内容备注
1	充电桩	充电桩定期巡检、随时维护
2	监控、检测控制柜	含监控检测设备定期巡检、随时维护
3	低压线路	箱变到充电桩及控制柜线路定期巡检及随时维护
4	充电桩消防	消防设施、设备定期巡检

2.3.8 交流充电桩日常维护项目

充电桩维修难，是因为充电桩应用技术人才短缺，造成运营、维修相互脱节。运营的不管维修，维修的也不管运营；目前阶段充电桩只能监控状况，一旦出现故障，还是得依赖人工维护维修，各充电区域应指定专门人员进行管理维护。维护人员应配备充电桩维护工具（万用表、钳形表、电笔、绝缘胶布、大小螺丝刀、老虎钳、尖嘴钳、套筒、扳手等常用工具），每个月做一次充电桩安全检查及维护，检查内容如下。

（1）外观安全检查：

（2）充电桩是否破损、变形、掉落；

（3）充电枪接口防护罩是否脱落；

（4）充电桩充电接口防水保护罩是否掉落、破损；

（5）充电桩门锁是否损坏，柜门是否关闭；

（6）充电桩内部接地线是否脱落、松动，断路器、防雷器外观是否有损伤；

（7）充电桩内部是否有异味，有烧糊、黑色灰尘；

（8）充电桩内部电源、通信接线是否牢靠，有无松动；

（9）充电桩外部配电管道或桥架卡扣螺丝是否有松动、脱落。

电气及控制系统检查内容如下。

（1）进线电缆和枪头的选用是否适合充电桩输入电压以及额定电流；

（2）充电桩应良好接地，端子有明显的标志；

（3）充电桩独立电气回路对地及回路间的绝缘电阻应不低于规定；

（4）电缆的接线端子是否连接紧密并牢固；

（5）充电桩配电电线及内部控制线有无老化；

（6）充电桩控制电路板内部各个设备有无老化；

（7）充电桩供电端电压、对地电压是否在正常值范围；

（8）充电桩漏电电压、电流是否在正常值范围；

（9）如果防雷器上撞针突出来或窗口变成红色，则表示防雷器已经损坏，应立即更换。

2.3.9 交流充电桩硬件设施维护周期

交流充电桩硬件设施维护周期如表 2-3-2 所示。

表 2-3-2 交流充电桩硬件设施维护周期

序号	分项	维护内容	维护周期		
			月度	季度	年度
1	常规检查	检查充电设备警示和指示标志，确保无损坏、无丢失	√		
		检查充电设备外壳，确保无划伤、无磕碰	√		
		检查充电设备门锁，确保无丢失、开启锁闭性能良好	√		
		检查充电设备防护情况，确保门板无缝隙、密封条无损坏、内部无漏水	√		
		检查充电设备充电枪，确保充电枪头无损坏，电缆无划伤、缠绕	√		
		检查充电设备内部情况，确保无杂物、垃圾，穿线孔封堵完好	√		
2	卫生清理	清洁充电设备卫生，确保设备表面无灰尘、污渍、锈蚀和涂抹	√		
		清理充电设备防尘网，确保防尘网无灰尘、无阻塞		√	
		清理充电设备内部灰尘，确保内部电气、电子元器件表面无异物、灰尘			√
3	性能检查	检查充电设备进线开关性能，确保可以正常分断和闭合	√		
		断电后，检查充电设备内线缆有无烧痕、绝缘损伤，确保线缆性能及安全		√	
		断电后，检查充电设备内接线情况，确保一、二次线路无松动、无虚接、无断路		√	
		设备上电，检查充电设备散热风机，确保其运行正常		√	
		设备上电，检查仪表、指示灯等显示情况，确保显示准确，无故障报警	√		
		设备上电，检查充电设备电源电压，确保供电稳定		√	
		设备上电，检查充电设备内照明情况，确保照明正常	√		
		设备上电，检查充电设备急停性能，确保其机械和电气性能正常，并保证其处于抬起状态		√	
		设备上电，检查设备充电性能，确保充电开始、结束正常，电子锁锁闭、解锁正常，充电过程中各类参数显示正常		√	

知识拓展

1. 交流桩安全使用及保护措施

充电桩作为公众使用的电器设备,应具备相应的标志信息,包括设备铭牌和安全警示标志。遇紧急情况时,先按下急停按钮断电处理。充电枪和电缆出现裂痕、磨损、破裂等情况严禁使用。车辆充电前要确认停稳熄火,充电过程中禁止启动车辆。如遇暴雨打雷天气,请谨慎充电。在充电过程中,带电插拔充电插头会有触电隐患,国家标准对控制引导提出规范,要确保充电桩未充电时充电插座不能带电。充电桩具备以下保护措施。

(1)过电流保护:电子设备不允许超过额定电流使用,否则会烧坏设备。过电流保护就是在电流超过设定电流后,自动断电,以此来保护设备芯片和主板不被烧坏,避免设备故障。

(2)短路保护:短路不仅容易损坏电源,严重的甚至引发火灾。一旦发现短路情况,电动汽车充电桩将立刻断电,防患未然。

(3)漏电保护:漏电事故一般发生在操作过程中,对人体伤害很大,引发心脏停搏。漏电保护系统回收剩余电流,如果电流过大难以回收,将立刻切断电流。

(4)过电压保护:主要保护电动汽车充电桩供电线路,当电压超过预订最大值时,立即控制电压降低或直接切断电源。

(5)欠电压保护:欠电压一般是由短路引起的,会给电动汽车充电桩的线路和设备本身带来损害。欠电压保护便是在设备由于各种原因被切断电源后,电压被降低到临界电压时,保护电动汽车充电桩不会受损,可延长电动汽车充电桩的使用期限。

(6)急停保护:急停按钮是操作员在判断设备出现故障却没有自动停止的情况下紧急做出停止运行电动汽车充电桩的按钮,是发生在无法判断的紧急情况下立刻做出的急救操作。

(7)防雷击浪涌保护:当电气回路或者通信线路中因为外界的干扰突然产生尖峰电流或者电压时,浪涌保护器能在极短的时间内导通分流,从而避免浪涌对回路中其他设备的损害。

(8)充电枪插拔保护:对充电插拔过程中的漏电进行回收和处理,避免伤害人体。

(9)充电桩需要设有经过使用培训以及安全教育的人员,作为充电桩站点专项负责人,进行充电桩站点的日常维护、充电管理、安全充电指导。

2. 运行和维护相关规定

1)一般规定

充电场站充电方式应包括自助充电服务和工作人员辅助充电服务;当充电场站采用自助充电服务时,宜采用 APP、公众号、刷卡等操作形式;当充电场站采用工作人员辅助充电服务时,所有工作人员需经过专业培训。

充电场站应在明显位置设置公示牌,明示运营机构的名称、运营时间、服务范围、服务项目、收费标准和计算方式、服务热线、站点地图指示、求援电话、监督举报电话，以及当前站内充电设备可供使用情况等。

充电场站服务热线应保持 24 小时接线畅通，服务热线可以为顾客提供充电业务咨询、投诉、其他增值服务等。

充电场站的公共信息图形符号应符合 GB/T 31525—2015《图形标志　电动汽车充换电设施标志》的要求。

2）运行服务

充电场站充电设备应按 GB/T 27930—2015《电动汽车非车载传导式充电机与电池管理系统之间的通信协议》规定的充电流程进行充电。

充电服务宜采用自助服务方式，充电场站应设置明显的操作指南，指导顾客按规定充电流程进行充电。

服务管理机构应对服务过程进行记录，包括充电记录、设备维护记录、设备检修记录、巡视记录、运行日志等。

服务过程应保留原始记录，记录应及时、准确、真实、完整。记录保存期限不应少于 3 年。

3）维护保养

充电场站应设置运行维护人员，定期对设备进行维护；运行维护人员应佩戴标明个人姓名、工号、岗位的服务标志，应配备工作服和安全防护用具；运行维护人员应接受安全教育和岗位技能培训，经培训考核合格后上岗。

充电桩硬件维护保养人员应按充电桩生产厂家的顾客手册进行月度维护、季度维护和年度维护，并做好相关检查保养记录，每年维护总次数不得少于 12 次。

运行维护人员应定期对充电桩的计时计费系统等进行调试、测试，保证系统平稳运行。

设备运维管理单位应结合设备运行状况开展周期性试验。

学习情境 3
直流充电桩的运行与维护

学习任务 1　认知直流充电桩

学习目标

1. 掌握直流充电桩的结构。
2. 了解直流充电接口各触头的作用。

3.1.1　直流充电桩概述

直流充电桩（图 3-1-1）也称快速充电桩，简称"快充"，是指安装在电动汽车外部并连接到交流电网，为非车载动力电池电动汽车提供直流电源的设备，通常具有 45~60kW 的功率。直流充电桩输出的电压和电流可以在大范围内调节，从而满足快速充电的

"快慢结合"才能保护电池

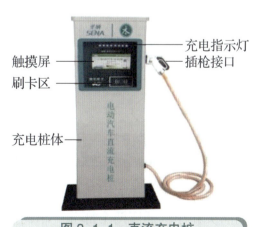

图 3-1-1　直流充电桩

需要。一般来说，在 30min 内可以充到 80% 的电量，并且可以在十几分钟内满足后续驾驶的要求。一般规划在高速公路服务区及城市商业中心的停车场等公共场所。

3.1.2 直流充电桩系统结构

直流充电桩的系统结构主要由充电桩主控制器、人机交互子系统、功率变换子系统及电能计量单元等部分组成，如图 3-1-2 所示。上述各部分的功能及组成如下。

（1）充电桩主控制器能接收各子系统的传输协议命令，并做出响应完成对各部分的控制功能。

（2）人机交互子系统包括 IC 卡读写器和人机交互界面等，用以实现用户与充电桩的人机交互，完成用户身份确认、充电需求信息输入、充电过程中的数据显示及用户自主控制指令输入等功能。

（3）功率变换子系统包括交流供电输入单元、充电功率模块和有源滤波模块，充电功率模块可以实现并联时的自主均流，从而可以由一种标准模块并联成多种规格的充电桩。

（4）电能计量单元主要通过其中的直流电能表和计量模块完成，其中直流电能表用于充电能量的计量，计量模块用于电能金额的计量。

（5）智能管理模块包括运营管理系统的通信接口、数据处理存储等组成部分，用来实现各种运营管理策略。

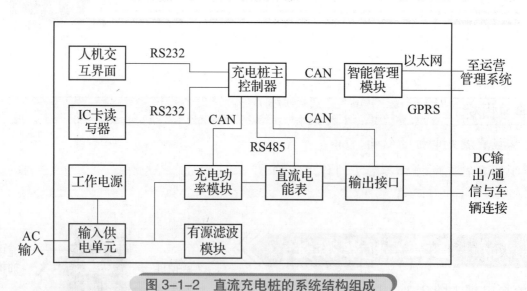

图 3-1-2 直流充电桩的系统结构组成

3.1.3 直流充电桩接口定义

电动汽车直流充电接口是直流充电桩向电动汽车电池直接提供充电功能的接口，包括车辆插头和车辆插座两个部分。车辆插头与车辆插座的触头布置结构如图 3-1-3 所示。触头标志及其功能定义如表 3-1-1 所示。

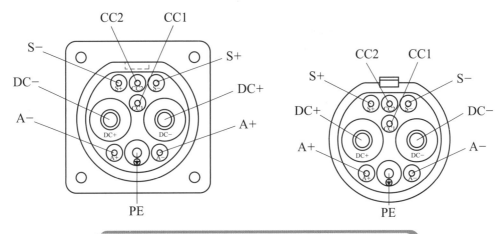

图 3-1-3　车辆插头与车辆插座的触头布置结构

表 3-1-1　触头标志及其功能定义

触头编号/标志	功能定义
DC+	直流电源正，连接直流电源正与电池正极
DC-	直流电源负，连接直流电源负与电池负极
PE	保护接地（PE），连接供电设备地线和车辆电平台
S+	充电通信 CAN_H，连接非车载充电机与电动汽车的通信线
S-	充电通信 CAN_L，连接非车载充电机与电动汽车的通信线
CC1	充电连接确认
CC2	充电连接确认
A+	低压辅助电源正，连接非车载充电机为电动汽车提供的低压辅助电源
A-	低压辅助电源负，连接非车载充电机为电动汽车提供的低压辅助电源

3.1.4　直流充电桩的充电过程

直流充电桩的充电过程如图 3-1-4 所示，主要包括充电握手、充电参数配置、充电和充电结束四个阶段。如果在各个阶段的规定时间内充电桩与 BMS 没有收到正确的报文或者对方的报文，即判断超时，一般超时的规定时间为 5s。当出现超时后，BMS 或充电桩发送错

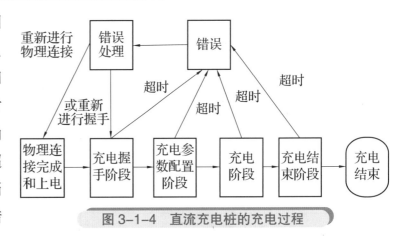

图 3-1-4　直流充电桩的充电过程

误报文,并进入错误处理阶段。

3.1.5 直流充电桩功能需求分析

随着电动汽车的日益增多,其相应的配套充电设施也得到越来越多的关注。但是现有的直流充电桩存在充电效果差、人机交互界面不友好等缺点。因此,设计出一台能够满足用户需要、安全充电的智能化电动汽车直流充电桩对于推动电动汽车的发展具有深远意义。根据国家标准和用户需求,一台直流充电桩需具备以下功能。

(1)保证整个系统的安全运行,充电桩必须有电气保护装置。在充电时,如果发生突发故障,充电桩必须在规定时间内快速切断电源并发出警报,确保用户的安全。

(2)需准确读取相关电网参数,对电价准确计量。

(3)需准确识别不同用户的射频卡,并且能够记录用户的登录、控制、登出等操作。

(4)人机交互界面要设计得足够友好,采用图形化的设计,使每个用户能够使用其进行自助充电。

(5)充电界面应显示用户充电的相关数据,如充电进程、当前电压、当前电流、电价、余额等信息。

充电桩后台管理系统必须能识别每个用户的身份信息,并且能够对每个用户的相关数据进行查询和操作。

3.1.6 直流充电桩技术指标

直流充电桩输入电压为三相四线380V交流电,输出为可以调节的直流电。直流充电桩技术指标如表3-1-2所示。

表3-1-2 直流充电桩技术指标

名称	参数
电源输入	三相AC 380V×(1±15%)
输入交流电源频率	50Hz×(1±15%)
输出功率	0~90kW
输出电压	200~400V
稳压精度	≤0.5%
稳流精度	≤0.5%
最高效率	≥93%
功率因数	≥0.92
过热保护值	85℃
工作温度	−20~+50℃

知识拓展

1. 常见直流充电桩简介

1）落地式直流充电终端

落地式直流充电终端（图3-1-5）是针对原有金属落地式直流充电终端的升级产品，采用玻璃钢材质，主要配合充电箱变及总控箱等群充类充电设备使用，可以为符合国标的新能源电动汽车提供直流快充。落地式直流充电终端同时设计有125A和250A两种枪线规格，可供使用时灵活选择。

图 3-1-5 落地式直流充电终端

落地式直流充电终端的产品特点如下。

（1）配合充电箱变及总控箱类等群充设备，实现直流快充功能。

（2）玻璃钢材质，抗冲击能力强，热性能好、耐腐蚀。

（3）无电插头，未启动充电时，主回路电源和辅助电源同时切断，不带高压电。

（4）急停开关，保证充电过程中发生紧急状况下迅速断电。

落地式直流充电终端的产品规格如表3-1-3所示。

表 3-1-3 落地式直流充电终端的产品规格

名称		参数	
		125A 枪线	250A 枪线
系统参数	尺寸	353mm×331mm×1 200mm	
	安装形式	落地安装	
	充电接口	充电枪（GB/T 20234.2—2015）	
	工作环境温度	−30~+50℃	
	海拔	≤ 2 000m	
	防护等级	≥ IP 54	

2）落地式直流充电终端（双枪）

落地式直流充电终端（双枪）（图3-1-6）是针对原有金属落地式直流充电终端的升级产品，采用玻璃钢材质，主要配合充电箱变及总控箱等群充类充电设备使用，可以为符合国标的新能源电动汽车提供直流快充。落地式直流充电终端（双枪）同时设计有125A和250A两种枪线规格，可供使用时灵活选择。

落地式直流充电终端（双枪）的产品特点如下。

（1）配合充电箱变及总控箱类等群充设备，实现直流快充功能。

（2）金属材质，抗冲击能力强，机械强度高。

（3）无电插头，未启动充电时，主回路电源和辅助电源同时切断，不带高压电。

（4）急停开关，保证充电过程中发生紧急状况下迅速断电。

图 3-1-6　落地式直流充电终端（双枪）

落地式直流充电终端（双枪）的产品规格如表 3-1-4 所示。

表 3-1-4　落地式直流充电终端（双枪）的产品规格

名称		参数	
		125A 枪线	250A 枪线
系统参数	尺寸	353mm×331mm×1 200mm	
	枪线长度	4m	
	安装形式	落地安装	
	充电接口	充电枪（GB/T 20234.2—2015）	
	工作环境温度	−30~+50℃	
	机械寿命	空载插拔 >10 000 次	
	海拔	≤ 2 000m	
	防护等级	≥ IP 54	

3）壁挂式直流充电终端

壁挂式直流充电终端（图 3-1-7）是针对市场现有充电设备体积大、占据车位的情况设计的采用金属材质制作的充电产品，主要配合充电箱变及总控箱等群充类充电设备使用，可以为符合国标的新能源电动汽车提供直流快充。壁挂式直流充电终端同时设计有 125A 和 250A 两种枪线规格，可供使用时灵活选择。

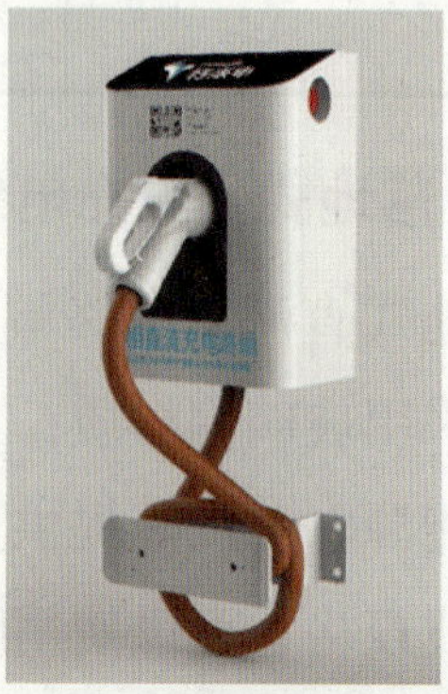

壁挂式直流充电终端的产品特点如下。

（1）配合充电箱变及总控箱类等群充设备，实现直流快充功能。

（2）金属材质，抗冲击能力强，机械强度高。

（3）无电插头，未启动充电时，主回路电源和辅助

图 3-1-7　壁挂式直流充电终端

电源同时切断，不带高压电。

（4）急停开关，保证充电过程中发生紧急状况下迅速断电。

壁挂式直流充电终端的产品规格如表3-1-5所示。

表3-1-5 壁挂式直流充电终端的产品规格

名称		参数	
		125A枪线	250A枪线
系统参数	尺寸	320mm×208mm×450mm	
	安装形式	壁挂安装	
	充电接口	充电枪（GB/T 20234.2—2015）	
	工作环境温度	-30~+50℃	
	机械寿命	空载插拔>10 000次	
	海拔	≤2 000m	
	防护等级	≥IP 54	

4）悬吊式直流充电终端

悬吊式直流充电终端（图3-1-8）是针对市场现有充电设备体积大、枪线移动不方便、枪线磨损等情况设计的采用金属材质制作的充电产品，主要配合充电箱变及分体式直流充电机等充电设备使用，可以为符合国标的新能源电动汽车提供直流快充。悬吊式直流充电终端同时设计有125A和250A两种枪线规格，可供使用时灵活选择。

悬吊式直流充电终端的产品特点如下。

（1）配合充电箱变及分体式直流充电机等充电设备使用，实现直流快充功能。

图3-1-8 悬吊式直流充电终端

（2）金属材质，抗冲击能力强，机械强度高。

（3）无电插头，未启动充电时，主回路电源和辅助电源同时切断，不带高压电。

（4）急停开关，保证充电过程中发生紧急状况下迅速断电。

（5）悬吊枪线自动收起后不大于4m，以减少枪线拖地磨损带来的安全风险，延长使用寿命，改善用户充电操作体验。

（6）内部结构采用钢丝绳、配重块、滑轮等组合机构，完成枪线的拉伸和自动回收，确保枪线不拖地，有效解决了大功率充电枪线拖地时的磨损及过重问题，大大提升了使用大功率充电枪时的用户体验。

悬吊式直流充电终端的产品规格如表3-1-6所示。

表 3-1-6 悬吊式直流充电终端的产品规格

名称		参数	
		125A 枪线	250A 枪线
系统参数	尺寸	200mm × 245mm × 2 000mm	
	枪线长度	6m（其他长度可定制）	
	安装形式	落地安装	
	充电接口	充电枪（GB/T 20234.2—2015）	
	工作环境温度	−30~+50℃	
	机械寿命	空载插拔 >10 000 次	
	海拔	≤ 2 000m	
	防护等级	≥ IP 54	

2. 直流充电桩计费方式

目前，直流充电桩的计费主要有两种：一种为普通计费的充电桩，另一种为分时计费的充电桩。普通计费的充电桩收取的充电费用为充电费用加上充电服务费，目前各地充电的服务费都不同。以北京为例，政府规定收费标准不得超过当日 92 号汽油每升最高零售价的 15%，一般按照 0.8 元/度的标准收取。

随着电动汽车的快速发展与普及，必然会有庞大数量的电动汽车接入公网进行充电，电动汽车大量无序充电甚至会影响电力系统的安全运行。例如，对于大量电动汽车车主在上班、到工作地点及下班回家后立即充电，就会出现新的负荷高峰，对配电网的调度和设备产生影响；如果用电低谷时对电动汽车进行充电，可以减少电网峰谷差，从而提高配电设施的实际利用率，改善电网负荷特性，会给电力系统带来正面影响。因此，电动汽车的大规模化接入电网既是机遇，也是挑战。

在这种背景下，电网公司开始对充电桩实行像电能表一样按照尖峰平谷四个时间段分时进行计费，分别代表尖峰时段、高峰时段、平峰时段和低谷时段，在每个时间段的电价都不相同。正常情况下，电价从高到低的顺序为尖峰平谷。一般每个时间段都要持续数个小时，而直流充电桩充电时间只要一个小时乃至数十分钟，所以正常情况下，按照分时计费只有两种费率，也有少数情况存在三种费率。充电桩按照不同费率计费后再加上充电服务费就是最终的充电费用。

学习任务 2　认知直流充电桩控制逻辑

学习目标

1. 了解直流充电桩充电控制流程。
2. 掌握直流充电桩电气系统原理。
3. 了解直流充电桩控制引导电路。
4. 掌握直流智能充电桩操作流程。

3.2.1　直流充电电路原理

电动汽车直流充电是将公共电网的交流电能转换为供给蓄电池充电用的直流电能,其原理框图可分为主回路和控制回路两部分。主回路由三相全桥整流电路、全桥移相逆变电路、变压器、全桥整流电路组成;控制回路由 PWM 控制电路,电压、电流采样电路,通信电路,显示、键盘电路和数字信号处理(Digital Signal Processing,DSP)模块组成。

交流电经过三相全控桥式整流电路变换为直流电,根据选择的充电方法和电压、电流采样结果通过 DSP 模块进行计算,并由 PWM 电路放大触发脉冲控制全桥移相逆变电路,将直流电变换为脉冲交流电,经高频变压器隔离送入全桥整流电路,得到所需充电过程的直流充电电压和电流,实现对动力电池的充电。

3.2.2　直流充电桩工作流程

充电过程由一系列简单的动作组成:拔枪—插枪—刷卡—充电—充电结束—再拔枪—挂枪。整个充电过程包括六个阶段:物理连接、低压辅助上电、充电握手、充电参数配置、充电和充电结束。直流充电流程图如图 3-2-1 所示。

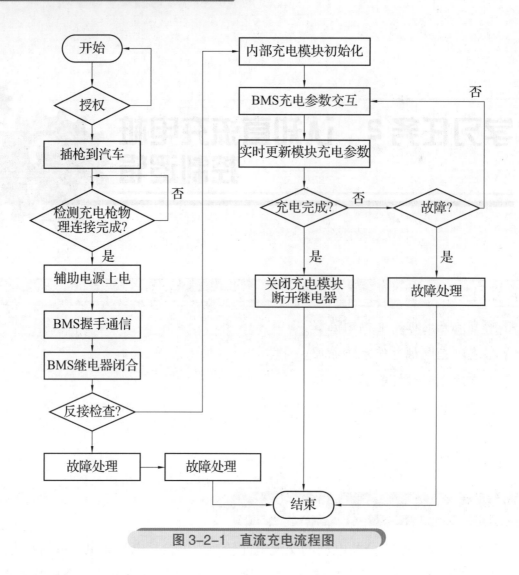

图 3-2-1 直流充电流程图

1. 给充电桩供电

380V 三相交流电输入充电桩，从配电侧需要连接五条电缆给充电桩，分别是三相交流输入 U、V、W，地线 PE 和中线 N。电缆的规格由充电桩的输入电流大小决定。充电桩的三相交流电上电后，面板上的电源指示灯被点亮，此时充电桩处在"待机"状态。在充电站投入运营的充电桩大多一直处在"待机"状态。

2. 从充电桩桩体的充电枪插座或固定座上拔出充电枪

多数充电桩上面安装的是固定座，只是起到固定摆放充电枪的作用，没有任何电气连接；也有部分充电桩使用插座，在这种设计中，用户需要先刷卡或扫描二维码启动计费，再摘枪，否则枪是被锁在充电桩上的。

3. 将充电枪插入车身的直流充电插座

将充电枪插入车辆充电插座后，机械锁和电子锁联动，锁止充电枪。

上述三个步骤完成了前述充电总体流程的第一个阶段：物理连接。

4. 刷卡或扫描二维码

刷卡或扫描二维码相当于给充电桩一个信号，充电桩控制器接收到这个信号后，开始执行和自检相关的一系列动作。充电标准中都没有明确提出刷卡或扫描二维码的这个节点，但是这个动作对于充电桩运营显然是很重要的。目前，主流充电桩都具有此项功能。

5. 自检

自检过程中用户看到充电桩显示屏上显示出一系列的步骤说明和进行状态，这个过程包括前述总体流程的三个阶段：低压辅助上电、充电握手和充电参数配置。在此过程中，充电桩实现绝缘检测，启动泄放电阻将绝缘检测时的高压泄放到 60V 以下；检测充电接口温度监控、电子锁功能；充电桩上的辅助电源给 BMS 供电，BMS 开始工作，充电桩和车辆 BMS 之间进行数据交互、握手、配置充电相关参数（BMS 告知充电桩电池相关信息）；充电桩控制器执行系列程序，充电桩和车辆上的三组开关执行断开或闭合的一系列动作。

6. 充电阶段

完成上述操作后，充电桩下发指令，充电模块按指令要求的输出电压和输出电流开始工作，持续给电动汽车动力电池充电。在充电过程中，BMS 和充电桩控制器实时通信。

7. 充电结束

有三大类情况会使充电结束：人为因素、充电桩出现故障、BMS 发终止信息。

1) 人为因素

充电进行过程中，人为刷卡可结束充电，或通过 APP 执行中止充电的指令也可结束充电。当然，人为将三相交流输入断掉也可结束充电，如按下急停按钮。

2) 充电桩出现故障

包括：充电桩出现不能继续充电的故障；发生通信故障，三次通信超时即判断为通信故障；充电枪和车辆之间的物理连接被断开，包括开关由闭合变为断开，车辆接口由连接变为断开；充电桩输出电压高于电池的最高允许电压。

3) BMS 发终止信息

若车辆电池已充满，则自动结束充电；若车辆有异常，不能接受继续充电，则 BMS 向充电桩控制器下发中止充电的报文。

8. 拔枪、挂枪

结束充电后，充电桩的输出电压泄放到 60V 以下之后，电子锁和机械锁将解开，用户才能将枪从车辆的充电插座上拔出来，放回充电桩的固定座或插座上。

至此，充电全过程结束。

3.2.3 直流充电桩充电控制过程

直流充电桩充电控制过程如图 3-2-2 所示。左边是非车载充电机（即直流充电桩），右边是电动汽车，二者通过车辆插座相连。图中的 S 开关是一个常闭开关，与直流充电枪头上的按键（即机械锁）相关联，当按下充电枪头上的按键时，S 开关即打开。而图中的 U1、U2 是一个 12V 上拉电压，R1~R5 是阻值约为 1 000Ω 的电阻，R1、R2、R3 在充电枪上，R4、R5 在车辆插座上。充电控制过程包括物理连接阶段、低压辅助上电阶段、充电握手阶段、充电参数配置阶段、充电阶段、充电结束阶段。

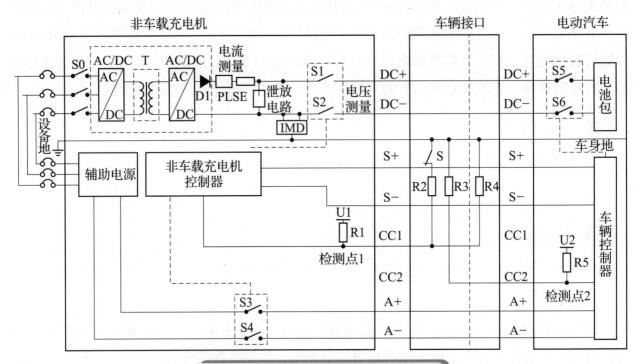

图 3-2-2 直流充电桩充电控制过程

1. 车辆接口连接确认阶段

当按下枪头按键，插入车辆插座，再放开枪头按键时，充电桩的检测点 1 将检测到 12V—6V—4V 的电平变化。一旦检测到 4V，充电桩将判断充电枪插入成功，车辆接口完全连接，并将充电枪中的电子锁进行锁定，防止枪头脱落。

2. 直流充电桩自检阶段

在车辆接口完全连接后，充电桩将闭合 S3、S4，使低压辅助供电回路导通，为电动汽车控制装置供电（有的车辆不需要供电）（车辆得到供电后，将根据监测点 2 的电压判断车辆接口是否连接，若电压值为 6V，则车辆装置开始周期发送通信握手报文），接着闭合 S1、S2，进行绝缘检测。所谓绝缘检测，即检测 DC 线路的绝缘性能，保证后续充电过程的安全性。绝缘检测结束后，将投入泄放回路泄放能量，并断开 S1、S2，同时开始周期发送通信握手报文。

3. 充电准备就绪阶段

接下来，就是电动汽车与直流充电桩相互配置的阶段，车辆控制S5、S6闭合，使充电回路导通，充电桩检测到车辆端电池电压正常（电压与通信报文描述地电池电压误差不大于±5%，且在充电桩输出最大、最小电压的范围内）后闭合S1、S2，那么直流充电线路导通，电动汽车就准备开始充电了。

4. 充电阶段

在充电阶段，车辆向充电桩实时发送电池充电需求的参数，充电桩会根据该参数实时调整充电电压和电流，并相互发送各自的状态信息（充电桩输出电压电流、车辆电池电压电流、SOC）等。

5. 充电结束阶段

车辆会根据BMS是否达到充满状态或是收到充电桩发来的"充电桩中止充电报文"来判断是否结束充电。满足以上充电结束条件，车辆会发送"车辆中止充电报文"，在确认充电电流小于5A后断开S5、S6。充电桩达到操作人员设定的充电结束条件，或者收到汽车发来的"车辆中止充电报文"时，会发送"充电桩中止充电报文"，并控制充电桩停止充电，在确认充电电流小于5A后断开S1、S2，并再次投入泄放电路，然后断开S3、S4。

知识拓展

1. 某品牌双充直流充电桩简介

某品牌电动汽车充电系统充电桩系统和充电电源模块融于一体，实现对电动车充电智能化的管理、计费和相应的电池信息检测，以及快速自动化充电过程无须看守和手动操作。该品牌电动汽车充电系统适合电动大巴、中巴、混合动力公交车、电动轿车、出租车和工程车等快速直流充电。该品牌电动汽车充电系统产品内部结构如图3-2-3所示。

1）适应电池范围

充电机能够对磷酸铁锂电池、三元电池等中的一种或多种充电。充电机控制器能自动识别并选择相应的充电程序和管理参数，具有为电动汽车动力电池系统安全、自动充满电的能力。

2）充电方式设定

充电机的充电设定方式可以分为手动设定方式和自动设定方式两种，一般选择自动充电模式。

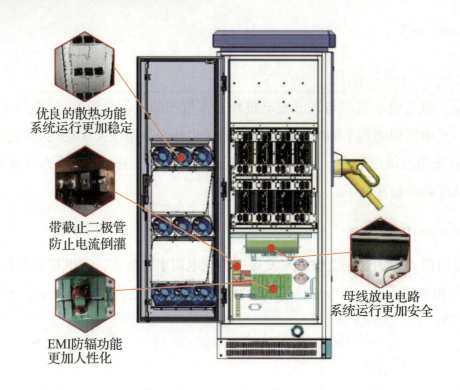
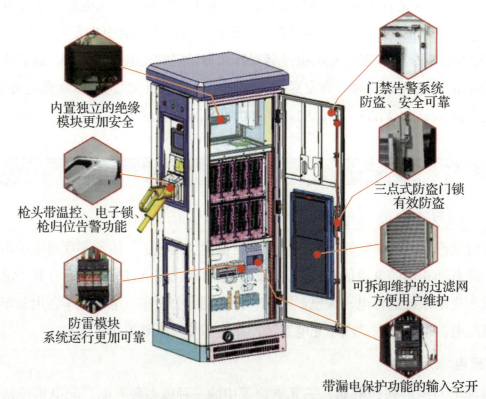

图 3-2-3 产品内部结构

（1）手动设定方式。通过专业操作人员设置充电方式、充电电压、充电电流等参数，当充电机与电动汽车连接正常时，充电机根据设定参数执行相应操作，完成充电过程。

（2）自动设定方式。充电过程中，充电机控制器依据 BMS 提供的数据，自动动态调节充电电流和电压参数，执行相应的动作，完成充电过程。

3）通信管理功能

（1）具备高速 CAN 网络与电动汽车 BMS 通信，用于判断电动汽车动力电池类型；获得动力电池系统参数，包括充电前和充电过程中动力电池的电压、电流、温度等状态数据，完成充电机的充电控制。

（2）通过 RS485 网络与智能电能表通信，获取电能计量信息，完成充电计费与充电过程的联动控制。

（3）通过 RS485 网络与高频充电模块通信，获取充电模块状态和运行信息，完成充电模块状态监测与充电过程的联动控制。

（4）通过 RS485 网络与智能变送器通信，获取充电机的输出电压和电流信息，完成充电输出数据监测与充电过程的联动控制。

（5）通过高速 CAN 网络将电能计量、充电机工作信息传送给用户终端（UT），获取并执行 UT 上送的控制命令。

4）人机交互功能

（1）充电机人机交互界面。

显示输出功能：充电机具有 LCD 显示器，显示充电方式、充电电流、充电电压、充电时间。

充电机具有 LED 信号灯，指示下列状态：

①白色信号灯指示充电机"故障"通电状态。

②绿色信号灯指示充电机"充电"状态。

③红色信号灯指示充电机"电源"状态。

（2）用户终端（UT）人机交互界面：配置彩色触摸液晶显示屏，充电计费方式可设置按电量、按金额、按时间和自动充满。

（3）设置射频读卡器，支持 IC 卡付费方式。

（4）可选交流计费和直流计费，支持二维码付费。

（5）后台通信协议支持以太网，3G、4G 模块及国网计费系数统。

5）安全保护功能

（1）具备完善的充电保护功能，防止车辆电池过充，安全性高。

（2）具备输入侧的过电流保护和短路保护功能。

（3）具备防感应雷、防静电、防过热、电池反接保护。

（4）具备交流输入的过电压、欠电压和缺相保护功能。

（5）具备输出侧的过电流保护和短路保护功能。

（6）具备软启动功能，防止直流冲击电流输出。

（7）具备急停按钮，能快速切断充电模块电源和分断直流输出开关。

(8)具有自动判断充电连接器、充电电缆是否正确连接的功能。

(9)在充电过程中,充电机能自动监测各设备的运行和通信状态是否正常。

(10)在充电过程中,充电机能自动根据BMS发送的电池状态和运行信息动态调整充电电流和电压,保证动力电池的温度、充电电压和电流不超过允许值。

2. 充电电源国内外研究现状

当前充电电源在市场上的主要种类分别是相控电源、线性电源和开关电源。

1)相控电源

相控电源为一种传统电源,发明使用时间较长。其电路组成主要有晶闸管、电感、工频变压器等器件。相控电源的工作原理是先通过整流滤波把交流电变成直流电,再通过调整功率开关器件的晶闸管相位角来达到控制输出电压的目的。因为相控电源使用的主变压器为工频变压器,而工频变压器体积较大,所以相控电源的体积相对也较大。此外,相控电源的功率因数(Power Factor,PF)低,动态性能较差,且总谐波畸变率(Total Harmonic Distortion,THD)较大,故而相控电源的应用逐渐减少,有逐渐淘汰的趋势。

2)线性电源

线性电源是一种串联调整管连续控制输出电压的线性稳压电源。其电路组成主要有整流滤波器、调整管及工频变压器等器件。线性电源首先通过工频变压器将幅值较高的电网交流电变成幅值较低的交流电,然后通过整流滤波器将该交流电整流成直流电,滤波后传送给稳压电路,最终输出稳定的低压直流电。该电源电路中调整管的工作状态始终为线性放大区。虽然相对于相控电源,它的体积有所减小,输出电压稳定性更高,纹波值更小,成本更低,但是该电源电路由于调整管的工作状态长期处于开通状态,损耗严重,发热量较大,谐波含量依然很大,和绿色电源的要求还有较大差距。

3)开关电源

开关电源是一种节能型的电源。其电路组成主要有功率变换电路、滤波电路、控制电路。开关电源发展时间较短,通过将功率半导体器件用作开关,实现输出电压的调整。开关器件是随着占空比的长短来开通和关断的,以此实现电压的调整。开关电源不但体积小、功率因数高,而且动态响应特性优良、谐波含量较低,这些年在通信、电力等领域的应用十分广泛,得到了科技工作者的大量关注与研究。开关电源的研究中无桥功率因数校正(Power Factor Correction,PFC)电路和DC/DC电路是不少学者研究关注的方向。

学习任务 3　直流充电桩的运行与维护

学习目标

1. 了解直流充电桩产品使用安全警告。
2. 掌握直流充电桩安全使用方法。
3. 了解急停开关使用说明。
4. 掌握直流充电桩例行维护步骤。

3.3.1　直流充电桩产品使用安全警告

（1）请用户在使用前仔细阅读产品说明书，并严格按照产品说明书中的步骤进行操作。

（2）严禁非专业人员在充电过程中插拔充电枪，以免造成不必要的人身伤害。

（3）严禁用户私自对本产品进行拆卸，不当的操作可能会造成产品损坏、漏电、漏水等情况发生。

（4）严禁触摸充电插头或电动汽车的充电插座，保持充电插头处于干燥状态，切勿手上沾水触摸充电插头。

（5）严禁在充电枪线缆外漏、绝缘皮破损的情况下继续使用本充电设备。

（6）若本产品在运行时有任何漏电或绝缘失效等情况发生，请立即按下急停按钮。

（7）严禁在发生故障时，继续使用本产品进行充电。

（8）严禁让儿童触摸或使用本产品，充电过程中切勿让儿童靠近。

3.3.2　直流充电桩安全使用及保护措施

直流充电桩具有和交流充电桩一样的保护措施，同时还应加强以下几点。

（1）确保产品无刮破、生锈、变形等情况发生。

（2）确保供电插座安全，以及充电插头和车辆端的充电插座内没有异物残留。

（3）充电线缆或充电枪头如有外壳破损、线缆裸露等问题存在，请不要继续使用。

（4）保持充电枪插头干燥，如有积水存在，请在整个桩体断电状态下用干燥清洁的布将充电插头的水擦干。

（5）充电枪必须要有锁止，在刷卡操作或微信 APP 操作确认后才能开锁拔出。

（6）单枪或多枪充电桩严格执行国标导引标准，插拔枪时不能带电。

（7）充电枪插入车辆插座时也要有锁止功能。

（8）充电桩必须是自带线缆，两者形成一体，不能取走线缆。

（9）充电桩必须具备倾倒停机断电功能。

（10）交流输入是电网大功率供电，需要输入端安装空气开关、防雷开关和漏电开关。

（11）充电桩的输出是直流高压、大电流，输出要有熔断器。

（12）安全监测电路有绝缘检测、泄放电路、充电口温度监测等。

3.3.3 急停开关使用说明

（1）如果机器发生漏电，请立即按下急停开关，如图 3-3-1 所示。

（2）如果发生起火、触电等异常状况，请立即按下急停开关。

图 3-3-1 急停开关

（3）充电状态下按下急停开关时，充电立刻停止，输出侧断路器断开，故障灯亮起。

（4）如果桩体发生故障，如无法停止充电、内部线路短路等，请立即按下急停开关。

（5）非充电状态按下急停开关时，故障灯亮，液晶显示屏跳转到故障界面。

3.3.4 直流充电桩使用的安全隐患

1. 电击危险

（1）充电桩作为一个非专业人士可以操作的电气设备，总输入选用空气开关加漏电保护是必需的，GB/T 18487《电动汽车传导充电系统》标准也做了要求。目前市面上有一些充电桩用的是普通热磁空气开关，有接地故障时充电桩不能与电网脱开。

（2）外露可导电部分没有接地或者接地阻抗大、接地故障时会使操作人员遭受电击。

（3）电气间隙、爬电距离不够，异常情况下会导致绝缘击穿。

2. 能量危险

（1）老型桩体充电枪上没有电子锁，充电时可以拔枪，直流电压本身灭弧就比较困难，这么高电压大能量的拉弧，是非常危险的。没有电子锁的老桩改造是一项必须要做的工作。

（2）老型桩体充电枪无温度检测，长时间使用或者枪的品质问题会导致枪体过热融化，甚至导致起火。

（3）个别厂家桩体交流进线端装的是间隙放电的 B 级防雷器，但没有加 C 级防雷器及退耦器。由于整流模块端是 D 级防雷电路，如果有雷击电流侵入，整流模块基本必坏无疑。

（4）整流模块输出侧有大容量的电容，泄放电路不能省掉，一些便携式的小充电桩和老充电桩没有泄放电路。

3. 辐射危险

直流充电桩这种大功率设备，电磁辐射的能量非常大，如直流充电桩的电磁兼容发生故障或检测不合格，会对人身造成伤害。这是一个容易被忽略，但伤害比较大的危险。当手机在直流充电桩旁边不能接听电话时，有可能已经有电磁辐射了。

3.3.5 例行维护

（1）由于环境温度、湿度、灰尘以及振动的影响，充电机内部的器件会发生老化及磨损等，从而导致充电机潜在的故障发生。因此，有必要对充电机实施日常和定期维护，以保证其正常运转与使用寿命。

（2）只有专业的电工或者具备专业资格的人员才能进行操作。

（3）进行维护工作，不要将螺丝、垫圈等金属件遗留在充电机内，否则可能损坏设备。设备维护完成后需要对柜内进行检查，确保充电机可正常运行。

（4）设备维护检修时务必切断充电机交流侧电源，断开交流和直流开关，机器停机至少等待 15min 后需用万用表检测各处电压，以及散热器等高温部件温度，确认安全后方可进行操作。

（5）设备维护期间需要实施必要措施防止充电机误上电，设置明显的维护标志，操作人员可能靠近的带电部件需加隔离防护措施，以免出现触碰。维护项目和维护周期具体如表 3-3-1 所示。

表 3-3-1 维护项目和维护周期

维护项目	维护周期
定期清洁：清洁机箱内部的散热器及风道口等	3 个月
定期检查各线缆及连接：检查所有的电缆连接是否松动，如有松动，必须进行紧固；检查连接端子和绝缘是否有变色或脱落，对损坏或腐蚀的端子进行更换，对破损电缆进线更换	3 个月
检查粘贴的警告标签是否牢固或清晰，必要时进行相应更换	3 个月

续表

维护项目	维护周期
定期检查各风扇的功能：检查风机是否存在异常噪声，风扇是否存在裂痕，是否运行无振动、转动平稳	3个月
定期检查各开关的功能：检查线路中的开关、接触器等开关器件的功能，查看是否存在损坏或者金属锈蚀	3个月
定期检查急停功能：查看急停开关是否正常	3个月
定期检查充电机：查看充电机运行过程中是否存在异响	3个月

知识拓展

1. 常见充电设施服务项目

充电设施可提供的服务分为以下几类。

（1）充电服务。

（2）蓄电池租赁服务。

（3）蓄电池更换服务。

（4）充电配套服务。包括蓄电池销售、蓄电池维修保养，以及家用常规小型充电机、插座、充电卡等充电相关零配件的销售，旧蓄电池回收处理等服务。

（5）其他服务。充电设施可根据实际情况提供其他服务，比如提供相关培训、汽车保养、购物、休闲等服务。

2. 充电设施管理建议

专业化的组织管理是充电设施安全运行的保障，有助于推动充电设施的大力发展和商业化运营。具体来说，可从以下方面加以保障。

（1）建立职责明确、执行有力的组织架构，对各个职责岗位配备受过培训的专业人员，从专业化的角度对充电设施进行严格、规范和有效的控制。

（2）设计一套合理的运作流程，使充电方式、充电技术和电动车辆需求相适应。同时，要协调好不同岗位之间的业务关系，协调好各个环节的衔接，充分提高充电设施运作管理的效率。

（3）建立与充电设施一体化管理相适应的严格的管理法规、条例和规章制度，以责任制为基础，对各种管理参数进行科学量化，增强管理的针对性和时效性。

（4）充电设施在充电中出现故障或意外事故是有可能的，应建立故障恢复与紧急响应机制，确保人员、车辆及充电系统的安全。

学习情境 4

充电桩的安装与测试

学习任务 1　认知充电桩的安装工具

> **学习目标**
> 1. 掌握冲击钻的正确使用方法。
> 2. 掌握电锤的正确使用方法。
> 3. 掌握万用表的基本使用方法。
> 4. 掌握电阻测试仪的基本使用方法。

4.1.1　螺丝刀

充电桩安装注意事项

螺丝刀（又称改锥）（图 4-1-1）是一种用来紧固或拆卸螺钉的工具，一般分为"一"字形和"十"字形两种。"一"字形螺丝刀的规格用柄部以外的长度表示，常用的有 100mm、150mm、200mm、300mm、400mm 等。"十"字形螺丝刀也称为梅花螺丝刀，一般分为四种型号，其中Ⅰ号适用于直径为 2~2.5mm 的螺钉，Ⅱ~Ⅳ号分别适用于直径为

3~5mm、6~8mm、10~12mm 的螺钉。

使用螺丝刀的注意事项如下。

（1）将螺丝刀拥有特化形状的端头对准螺钉的顶部凹槽或凹坑，固定，然后开始旋转手柄。根据规格标准，顺时针方向旋转为旋紧，逆时针方向旋转为旋松（极少数情况下相反）。

（2）不可把螺丝刀当撬棒或凿子使用。

（3）在使用前应先擦净螺丝刀柄部和口端的油污，以免工作时滑脱而发生意外，使用后也要擦拭干净。

（4）正确的方法是右手握持螺丝刀，手心抵住柄端，使螺丝刀口端与螺钉槽口处于垂直吻合的状态。

（5）当拧松螺钉时，应用力将螺丝刀压紧后再用手腕力扭转螺丝刀；当螺钉松动后，即可使手心轻压螺丝刀柄部，用拇指、中指和食指快速转动螺丝刀。

（6）选用的螺丝刀口端应与螺钉上的槽口相吻合。如口端太薄，则易折断。

（7）带电作业时，手不可触及螺丝刀的金属杆（不应使用金属杆直通手柄顶部的螺丝刀），以免发生触电事故。为防止金属杆触到人体或邻近带电体，金属杆应套上绝缘管。

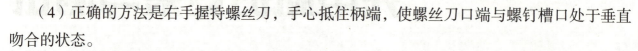

图 4-1-1　螺丝刀

4.1.2　钢丝钳

钢丝钳（图 4-1-2）是一种夹持或折断金属薄片、切断金属丝的工具，电工用钢丝钳的柄部套有绝缘套管（耐500V电压），其规格用钢丝钳全长的毫米数表示，常用的有150mm、175mm、200mm 等。

在电工作业时，钢丝钳用途广泛。钳口可用来弯绞或钳夹电线线头；齿口可用来紧固或起松螺母；刀口可用来剪切电线或钳削电线绝缘层；侧口可用来侧切电线线芯、钢丝等较硬线材。

图 4-1-2　钢丝钳

4.1.3　尖嘴钳

尖嘴钳（图 4-1-3）的头部尖细，用法与钢丝钳相似，其特点是适用于在狭小的工作空间操作，能夹持较小的螺钉、垫圈、电线及电器元件。在安装控制线路时，尖嘴钳能将单股电线弯成接线端子（线鼻子），有刀口的尖嘴钳还可剪断截面较小的电线、剖削电线的绝缘层，也可用来对单股电线进行整形（如平直、弯曲等）。若使用尖嘴钳带电作业，应检查其绝缘是否良好，在作业时其金属部分不要触及人体或邻近的带电体。

4.1.4 斜口钳

斜口钳（图4-1-4）头部扁斜，因此又叫扁嘴钳或剪线钳。斜口钳可剪断较粗的金属丝、线材及电线、电缆芯线等。对粗细不同、硬度不同的金属丝、电线、电缆芯线，应选用大小合适的斜口钳。斜口钳的柄部有铁柄、管柄、绝缘柄之分，绝缘柄耐1 000V电压。

图4-1-3 尖嘴钳

图4-1-4 斜口钳

4.1.5 剥线钳

剥线钳（图4-1-5）是专用于剖削较细小电线绝缘层的工具。剥线钳的钳口部分设有几个刃口，用以剥落不同线径电线的绝缘层。其柄部是绝缘的，耐500V电压。使用剥线钳剖削电线绝缘层时，先将要剖削的绝缘长度用标尺定好，然后将电线放入相应的刃口中（比电线直径稍大），再用手将钳柄一握，电线的绝缘层即被剥离。

4.1.6 电工刀

电工刀（图4-1-6）是电工常用的一种切削工具，普通的电工刀由刀片、刀刃、刀把、刀挂等构成。不用时，把刀片收缩到刀把内。电工刀是用来剖切电线、电缆的绝缘层，切割木台缺口，削制木枕的专用工具。

图4-1-5 剥线钳

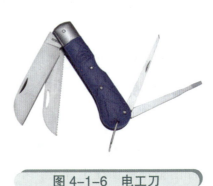

图4-1-6 电工刀

4.1.7 冲击钻

冲击钻（图4-1-7）由电动机、减速箱、冲击头、辅助手柄、开关、电源线、插头和钻头夹等组成，适用于在混凝土、预制板、瓷面砖、砖墙等建筑材料上钻孔或打洞。冲击钻依靠旋转和冲击来工作，单一的冲击是非常轻微的，但每分钟40 000多次的冲击频率可产生连续的力。冲击钻利用内轴上的齿轮相互跳动来实现冲击效果，其冲击力远远不及电锤。在冲击钻的钻头夹处有个调节旋钮，通过该旋钮可选择普通手电钻或冲击钻方式。

图4-1-7 冲击钻

1. 冲击钻的正确使用方法

（1）操作前必须检查电源是否与冲击钻规定的额定电压相符，以免错接。

（2）使用冲击钻前应仔细检查机体绝缘防护、辅助手柄及深度尺调节等情况，以及有无螺钉松动现象。

冲击钻的认知

（3）冲击钻必须按要求装合适的合金钢冲击钻头或打孔通用钻头，严禁使用超越范围的钻头。钻孔时，应避开混凝土中的钢筋；打孔时将钻头抵在工作表面，然后开动，要用力适度，避免晃动；若转速急剧下降，应减少用力，防止电动机过载，严禁用木杠加压。

（4）要保护好冲击钻的电源线，严禁满地乱拖，被轧坏、割破，更不准把电线拖到油水中，以防油液腐蚀电线。

（5）使用冲击钻的电源插座必须配备漏电开关，并检查电源线有无破损现象。

（6）更换冲击钻钻头时，应拔下电源插头，使用专用扳手或钻头锁紧钥匙，杜绝使用非专用工具敲打冲击钻。

（7）使用冲击钻时不可用力过猛或出现歪斜操作，应装紧合适的钻头并调节好冲击钻深度尺。操作时应垂直、平稳、徐徐、均匀地用力，不可强行使用超大钻头。

2. 冲击钻的安全操作规程

（1）使用冲击钻时应佩戴防护眼镜，工作时务必全神贯注，不但要保持头脑清醒，更要理性地操作冲击钻。

（2）检查冲击钻的开关是否灵敏可靠。

（3）检查冲击钻的绝缘是否完好。

（4）装夹钻头时，应用力适当，使用前应空转几分钟，待转动正常后方可使用。

（5）钻孔时应使钻头缓慢接触工件，不得用力过猛，以免折断钻头，损坏电动机。钻孔时必须将冲击钻垂直顶在工件上，不得在钻孔时晃动冲击钻。

（6）操作冲击钻时要确保立足稳固，并随时保持平衡。使用时，用双手握持冲击钻（辅助把手）。

（7）使用冲击钻时严禁戴手套，以防被钻头绞住，发生意外。

（8）在潮湿的地方使用冲击钻时，必须站在橡胶垫或干燥的木板上，以防触电。

（9）使用中如发现冲击钻漏电、振动、高温过热，应立即停止使用。

（10）冲击钻未完全停止转动时，不能卸、换钻头。出现异常时，其他任何人不得自行拆卸、装配，应交由专人及时修理。

（11）如用力压冲击钻，必须使冲击钻垂直，而且固定端要牢固可靠。

（12）中途更换新钻头，沿原孔洞进行钻孔时，不要突然用力，以防折断钻头，发生意外。

（13）使用冲击钻登高或在防爆等危险区域内作业时，必须做好安全防护措施。

（14）工作完毕后，冲击钻不许随便乱放，应存放到指定地方。

4.1.8 电锤

电锤（图4-1-8）以单相串激电动机为动力，适用于在混凝土、岩石、砖石砌体等脆性材料上钻孔、开槽、凿毛等作业。电锤是在电钻的基础上，增加了一个由电动机带动有曲轴连杆的活塞，活塞在气缸内往复压缩空气，使气缸内的空气压力呈周期变化，变化的空气压力带动气缸中的击锤往复打击钻头的顶部，好像用锤子敲击钻头，故名电锤。电锤可以在混凝土、砖、石头等硬性材料上开直径6~100mm的孔，电锤在上述材料上开孔效率高，但它不能在金属上开孔。

图4-1-8 电锤

1. 电锤的正确使用方法

（1）作业前检查电锤的外壳、手柄，应不出现裂缝、破损。

（2）作业前检查电锤的电缆软线及插头等，应完好无损，且开关动作正常，保护接零连接正确、牢固可靠。

（3）作业前检查电锤的各部防护罩，应齐全牢固，电气保护装置可靠。

（4）电锤启动后，应空载运转，检查并确认电锤运行是否正常。

（5）作业时应双手握电锤手柄，打孔时先将钻头抵在工作表面上，然后启动电锤，用力适度平稳，避免晃动；若转速急剧下降，应减少用力，防止电动机过载。严禁用木杠加压。

（6）钻孔时，应注意避开混凝土中的钢筋。作业孔径在 25mm 以上时，应有稳固的作业平台，周围应设护栏。

（7）电锤为 40% 断续工作制，不得长时间连续使用。

（8）严禁超载使用。作业中应注意电锤的声响及温升，发现异常时，应立即停机检查。若作业时间过长，电锤温升超过 60℃，应停机，自然冷却后再行作业。

（9）机具转动时，不得撒手不管。

（10）作业中，不得用手触摸电锤的钻头，发现钻头有磨钝、破损情况时，应立即停机修整或更换，然后继续进行作业。

2. 电锤的安全操作规程

（1）电锤操作者要戴上安全帽、安全眼镜和防护面具，还要戴上防尘口罩、耳朵保护器具和有厚垫的手套。

（2）操作之前，必须确认凿嘴被紧固在规定的位置上。

（3）因为电锤是设计用来产生振动力的，在工作时螺钉容易松动，从而导致折断或事故，所以操作之前必须仔细检查螺钉是否紧固。

（4）当寒冷季节或电锤很长时间没有用时，应当让其在无负荷下运转几分钟进行预热。

（5）操作者必须确认站在很结实的地方，当在高处使用工具时，必须确认下面无人，并应采取防护措施。

（6）操作者要用双手紧握工具，工具旋转时不可脱手，只有当双手紧握电锤后方可启动。

（7）操作时，不可将凿嘴指向任何在场的人，因为冲头可能会飞出而导致人身伤害事故。

（8）当凿嘴凿进墙壁、地板或任何可能会埋藏电线的地方时，绝不可触摸电锤的任何金属部位，应握住电锤的塑料把手或侧面抓手，以防凿到埋藏的电线而触电。

（9）操作完毕后，手不可立刻触摸凿嘴或接近凿嘴的部件，因其可能会非常热而烫伤皮肤。

4.1.9 手电钻

手电钻（图 4-1-9）由电动机、电源开关、电缆、齿轮机构和钻头夹等组成。应用钻头钥匙开启钻头锁，使钻夹头扩开或拧紧，使钻头松出或固牢。手电钻是以交流电源或直流电池为动力的钻孔手持电动工具，广泛用于建筑、装修、家具等行业，用于在物件上钻孔。

手电钻适用于在金属材料、木材、塑料等材质上钻孔，当装有正反转开关和电子调速装置

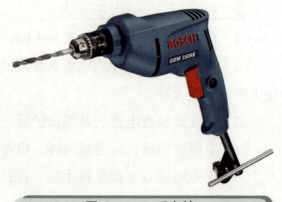

图 4-1-9　手电钻

后，可作为电螺钉的改锥。部分型号的手电钻配有充电电池，可在一定时间内，在无外接电源的情况下正常工作。

1. 手电钻的使用注意事项

（1）不可以用手电钻在水泥和砖墙上钻孔，否则极易造成电动机过载，烧毁电动机。

（2）手电钻电源线的长度一般不宜超过5m，中间不应有接头。当长度不够时，可使用插座板，插座板的引线也不准有接头。临时使用时，当电源的电缆线不够长时，可以用胶质线、塑料电线连接，但接线头必须包缠好绝缘胶带，使用完毕必须及时拆除连接电线。手电钻的电源线切勿受水浸及乱拖乱踏，也不能触及热源和腐蚀性介质。

（3）手电钻的电源线必须使用橡胶电缆，不可使用胶质线（花线）、塑料电线。因为这类电线不耐热、不耐湿，抗拉抗磨强度差，在使用中很容易损坏绝缘，不安全。

（4）存放时间长久的电钻在使用前应测试绝缘电阻，电阻值一般应不小于$0.5M\Omega$，最低不小于$0.25M\Omega$。

（5）手电钻使用的电源电压不得超过所规定额定电压的±10%。

（6）作业前要确认手电钻开关处于关断状态，防止插头插入电源插座时手电钻突然转动。

（7）使用前要认真检查电源线和插头是否完好，对于金属外壳的手电钻必须采取保护接地（接零）措施。通电后，用试电笔检查外壳是否有电。如果不做保护接地（接零），在使用时要格外小心，必须戴绝缘手套、穿绝缘鞋或站在干燥的木板上操作，并与其他工作人员保持一定距离。

（8）手电钻在使用前应先空转0.5~1min，检查传动部分是否灵活、有无异常杂音、螺钉等有无松动、换向器火花是否正常。

（9）使用时切勿将电源线缠绕在手臂上，以防电源线破损或漏电造成触电事故。

（10）钻孔时不宜用力过猛，转速异常降低时应放松压力，以免电动机过载造成损坏。

（11）往墙上、地板上、吊顶上钻孔时，事先应充分了解其内部情况，弄清是否埋有电缆、管线、金属预埋件等，以免造成损失。

（12）手电钻不使用时应及时拔掉电源插头，存放于干燥、清洁的环境。手电钻应定期维护保养，保持整流子清洁，做到定期更换电刷和润滑油。

（13）使用手电钻时要注意观察电刷火花的大小，若火花过大，手电钻过热，必须停止使用，并进行检查，如清除污垢、更换磨损的电刷、调整电刷架弹簧压力等。

2. 手电钻的安全操作规程

（1）使用的手电钻若属于Ⅰ类手持电动工具，应配置漏电保护器及绝缘橡胶手套或配用隔离变压器。使用的手电钻若属于Ⅱ类手持电动工具，在潮湿环境、容器内或狭窄的金属壳体内工作时，应配置漏电保护器或配用隔离变压器。

（2）用手电钻钻不同直径的孔时，要选择相应规格的钻头。钻头必须锋利，钻孔时用力要适度，不要过猛。更换钻头时，应停电并拔下电源插头，要把钻头尾部完全放进钻头夹中，用夹头扳手把钻头完全拧紧。手电钻发生故障时，应找专业人员检修，不得自行拆卸、装配。

（3）手电钻外壳要采取接零或接地保护措施，插上电源插头后，先要用试电笔测试，外壳不带电方可使用。在潮湿的地方使用手电钻，必须戴绝缘手套，穿绝缘鞋，站在绝缘垫或干燥的木板上。

（4）使用的电源要符合手电钻铭牌规定，插接电源之前需检查开关是否切断，电气线路中间不应有接头。电源线严禁乱放、乱拖。

（5）手电钻未完全停止转动时，不能卸换钻头。不使用时或维修前以及更换附件时，必须拔下电源插头。停电、休息或离开工作地时，应立即切断电源。

（6）在用手电钻钻孔时，如需用力压手电钻，必须使电钻垂直于工件，而且固定端要特别牢固。

（7）不要戴由棉纱、毛绒等织物构成的手套进行作业。工作完毕时，应将手电钻放到指定地方。

（8）在用手电钻钻孔时，在钻孔过程中或钻孔完毕的瞬间，不要触及钻头。在使用过程中，当手电钻的转速突然降低或停止转动时，应赶快放松开关，切断电源，慢慢拔出钻头。当孔将要钻通时，应适当减轻手臂的压力。

（9）在有易燃、易爆气体的场合，不能使用手电钻。

（10）不得以拖动电缆的方法移动手电钻，也不得强行拉扯电线从电源插座拆除插头。

4.1.10 数字万用表

1. 数字万用表的基本使用方法

（1）测量直流电压（图4-1-10）。将电源开关拨至"ON"，转换开关拨至"DCV"范围内的合适量程（应选到比估计值大的量程挡），如果预先无法估计被测电压的大小，则应先拨至最高量程挡测量一次，再视情况逐渐把量程减小到合适位置。将红表笔插入"V·Ω"孔内，黑表笔插入"COM"孔内，再把数字万用表与被测电路并联，即可进行测量。但量程不同，测量精度也不同。例如，测量一节1.5V的干电池，分别用"2V""20V""200V""1 000V"挡测量，其测量值分别为1.552V、1.55V、1.6V、2V。所以，不能用高量程挡

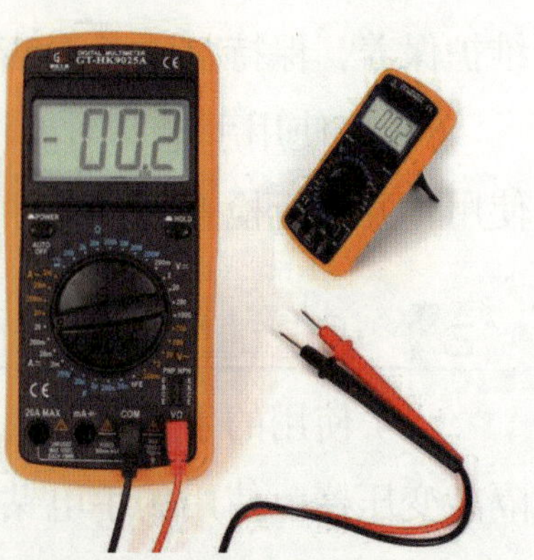

图4-1-10 测量直流电压

测量低电压。测量的数值可以直接从显示屏上读取。

（2）测量交流电压。将转换开关拨至"ACV"范围内的合适位置，表笔插孔与测量直流电压时一样，要求被测电压频率为45~500Hz（实测为20~1 000Hz范围）。交流电压无正负之分，测量方法与测量直流电压相同。无论测量交流电压还是直流电压，都要注意人身安全，不要随便用手触摸表笔的金属部分。

（3）测量直流电流。将转换开关拨至"DCA"范围内的合适位置，红表笔接"mA"孔或"10A"孔，黑表笔接"COM"孔。若测量大于200mA的电流，则要将红表笔插入"10A"插孔，并将转换开关拨到直流"10A"挡；若测量小于200mA的电流，则将红表笔插入"200mA"插孔，并将转换开关拨到直流200mA以内的合适量程。调整好后，即可以测量。将万用表串进电路中，保持稳定，即可读数。

（4）测量交流电流。将转换开关拨至"ACA"范围内的合适挡，表笔接法同测量直流电流。

（5）测量电阻。将转换开关拨至范围内的合适挡，红表笔改接"V·Ω"孔。表笔接在电阻两端金属部位，测量中可以用手接触电阻一端，但不要同时接触电阻两端，这样会影响测量精确度。读数时，要保持表笔和电阻有良好的接触。

（6）测量二极管。用数字万用表可以测量发光二极管和整流二极管。测量时，转换开关拨至标有二极管符号的位置。红表笔插入"V·Ω"孔，接二极管正极；黑表笔插入"COM"孔，接二极管负极。

（7）检查线路的通、断。将转换开关拨至蜂鸣器挡，红、黑表笔分别接"V·Ω"孔和"COM"孔。若被测线路电阻低于规定值，蜂鸣器可发出声音，说明电路是通的；反之，则不通。因为操作中不需读出电阻值，仅凭听觉即可做出判断，所以利用蜂鸣器来检查线路，既迅速又方便。

2. 数字万用表的使用注意事项

（1）测量电压时，应将数字万用表与被测电路并联。数字万用表具有自动转换极性功能，测直流电压时不必考虑正、负极性。但若误用交流电压挡去测量直流电压，或误用直流电压挡去测量交流电压，将显示"000"，或在低位上出现跳数。

（2）测量交流电压时，应用黑表笔（接模拟地COM）接触被测电压的低电位端（如信号发生器的公共地端或机壳），以消除仪表对地分布电容的影响，减少测量误差。

（3）数字万用表的输入阻抗很高，当两支表笔开路时，外界干扰信号会从输入端窜入，显示出没有变化规律的数字。

（4）测量电流时，应把数字万用表串联到被测电路中。如果电源内阻和负载电阻都很小，应尽量选择较大的电流量程，以降低分流电阻值，减小分流电阻上的压降，提高测量准确度。

（5）严禁在测量高压（220V以上）或大电流（0.5A以上）时旋转转换开关，以防止产生电弧、烧毁开关触点。

（6）测量焊在线路上的元件时，应当考虑与之并联的其他电阻的影响。必要时，可焊下被测元件的一端再进行测量。对于晶体管，则需焊开两个极才能做全面检测。

（7）严禁在被测线路带电的情况下测量电阻，也不允许测量电池的内阻。在检查电器设备上的电解电容器时，应切断设备上的电源，并将电解电容上的正、负极短路一下，以防止电容上积存的电荷经万用表泄放，损坏仪表。

（8）仪表的使用和存放应避免高温（高于400℃）、寒冷（低于0℃）、阳光直射、高湿度及强烈振动的环境；测量完毕，应将转换开关拨到最高电压挡，并关闭电源。若长期不用，还应取出电池，以免电池漏液。

4.1.11 兆欧表

兆欧表又叫摇表，也称为绝缘电阻测试仪，是一种简便、常用的测量高电阻的直读式仪表，可用来测量电路、电动机绕组、变压器绕组、电缆、电气设备等的绝缘电阻。

手摇式兆欧表（图4-1-11）主要由手摇直流发电机、磁电系比率表和测量线路组成。手摇直流发电机的额定电压主要有500V、1 000V、2 500V等几种。

兆欧表是一种用于测量绝缘电阻的仪表，因此，如何选择一个合适的兆欧表来测量相应电力设备的绝缘电阻，以及在测量过程中如何确保人身和设备安全就显得非常重要。

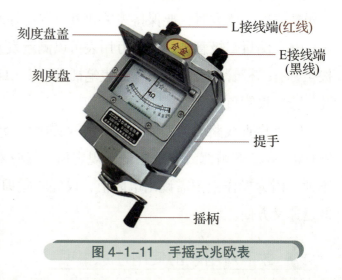

图4-1-11 手摇式兆欧表

1. 兆欧表的使用前准备

（1）必须切断被测设备电源，并对地短路放电，不允许在设备带电的情况下进行测量。

（2）对那些可能感应出高电压的设备，必须消除这种可能性后，才能进行测量。

（3）被测物表面需保持清洁，以减小表面电阻，确保测量结果的正确性。

（4）应检查兆欧表是否处于正常状态，主要检查其"0"和"∞"两点。即摇动手柄，使发电机达到额定转速，短路时兆欧表指针应指在"0"位置，而开路时指针应指在"∞"位置。

（5）测量前要平稳、牢固地放置兆欧表，且远离较大电流导体及强磁场。

2. 测量方法

在测量时，要注意兆欧表的正确接线，否则将引起不必要的误差。兆欧表有三个接线柱：一个为"L"，即线端；一个为"E"，即地端；另一个为"G"，即屏蔽端（也叫保护环）。一般被测绝缘物体接在"L"和"E"之间，当被测绝缘体表面严重漏电时，必须将被测物的屏蔽端或不需测量的部分与端相连接。这样漏电电流就经由屏蔽端"G"直接流回发电机的负端形成回路，而不再流过兆欧表的测量机构（流比计），从根本上消除了表面漏电电流的影响。特别应该注意的是，测量电缆线芯和外表之间的绝缘电阻时，一定要接好屏蔽端"G"。因为当空气湿度大或电缆绝缘表面有污物时，其漏电流将很大，为防止被测物因漏电而对其内部绝缘测量造成影响，一般在电缆外表加一个金属屏蔽环，与兆欧表的"G"端相连。

用兆欧表测量电器设备的绝缘电阻时，一定要注意"L"和"E"端不能接反。正确的接法是，"L"端接被测设备导体，"E"端与接地的设备外壳相连，"G"端接被测设备的绝缘部分。如果"L"端和"E"端接反，流过绝缘体内及表面的漏电电流会经外壳汇集到地，由地经"L"流进比率表，使"G"失去屏蔽作用而给测量带来较大误差。另外，因为"E"端内部引线同外壳的绝缘程度低于"L"端与外壳的绝缘程度，将兆欧表放在地上，采用正确的接线方式时，"E"端对仪表外壳和外壳对地的绝缘电阻相当于短路，不会造成测量误差；而当"L"端与"E"端接反时，"E"端对地的绝缘电阻就会与被测绝缘电阻并联，使测量结果偏小，造成较大的误差。

3. 兆欧表的使用注意事项

（1）应按设备的电压等级选择兆欧表，对于低压电气设备，应选用500V兆欧表。若用额定电压过高的兆欧表去测量低压绝缘，可能把绝缘击穿。

（2）兆欧表引线应用多股软线，而且应有良好绝缘。两条引线应为单根线（最好是两色），应不使引线与地面接触，以免因引线绝缘不良而引起误差。接线柱与被试品之间的两根引线不能缠绞在一起，应分开单独连接，以防引线绝缘不良而影响读数。

（3）测量设备绝缘电阻时，必须先切断电源，对具有较大电容的设备（如电容器、变压器、电机及电缆线路），必须先进行放电。

（4）兆欧表应放在水平位置，在未接被试品时，先摇动兆欧表，其指针应上升到"∞"处，再将两个引线端钮短路，慢慢摇动兆欧表，其指针应指到"0"处。符合上述情况，说明兆欧表是正常的，否则不能使用。对于半导体型兆欧表，不宜用短路方式校检。

（5）用兆欧表测量绝缘电阻时应由两人进行。测量时，一人按着兆欧表外壳（以防兆欧表振动），一人摇动兆欧表，并使兆欧表保持额定转速，一般为120r/min。当表针指示为"0"时，应立即停止摇动，以免损坏兆欧表。

（6）当被测回路的感应电压超过12V时，应禁止进行绝缘电阻测量。

（7）测量电容器、电缆、大容量变压器和电动机时，要有一定的充电时间，电容量越大，充电时间应越长。一般以兆欧表转动 1min 后的读数为准；在读取稳定值后，先取下测量线，再停止转动手柄，测量完成后应立即将被测设备对地放电。

（8）当测量物电容量较大时，为了避免指针摆动，可适当提高转速（如 150r/min）；测量时转动手柄应由慢渐快并保持 150r/min 的转速。如果测量吸收比，应将兆欧表与被试设备间的连线"L"或"E"断开一根，达到额定转速时，方可与被试设备接通，同时开始计时，读取 15s 及 60s 两个数值。

（9）被测物表面应擦拭清洁，不得有污物，以免漏电影响测量的准确度。

（10）在兆欧表未停止转动或被测设备未进行放电之前，不要用手触及被测部分和仪表的接线柱或拆除连线，以免触电。

（11）如遇天气潮湿或测电缆的绝缘电阻时，应接上屏蔽接线端子"G"（或叫保护环），以消除绝缘物表面泄漏电流的影响；屏蔽端子应与被测设备的金属屏护相接。与兆欧表的相线端子"L"连接的部件都有良好的屏蔽，可以防止兆欧表的泄漏电流造成测量误差；而"E"端子处于"地"电位，没有考虑屏蔽。正常摇测时，表的泄漏电流不会造成误差；但是，如果"E"端子接错，则由于"E"端子没有屏蔽，流过测量对象的电流中多了一个兆欧表的泄漏电流，一般测出的绝缘电阻都比实际值偏低，所以"E"端子不能接错。

（12）禁止在雷电或潮湿天气和在邻近有带高压电设备的情况下，用兆欧表测量设备绝缘。只有在设备不带电，而又不可能受到其他感应电而带电时，才能进行绝缘电阻测量。

（13）兆欧表在不使用时应放在固定的地方，环境温度不宜太高和太低，切勿放在潮湿、污秽的地面上，并避免置于含有腐蚀性气体的环境中。同时，应避免剧烈长期震动，使表头轴尖、宝石受损而影响刻度指示。

4.1.12 接地电阻测量仪

接地电阻测量仪（图 4-1-12）主要用于测量电气系统、避雷系统等接地装置的接地电阻和土壤电阻率。接地电阻测量仪按供电方式，分为手摇式和电池驱动式；按显示方式，分为指针式和数字式；按测量方式，分为打地桩式和钳式。

图 4-1-12 接地电阻测量仪

知识拓展

双枪直流桩成套装配流程如图 4-1-13 所示。
双枪直流桩盘芯装配流程如图 4-1-14 所示。

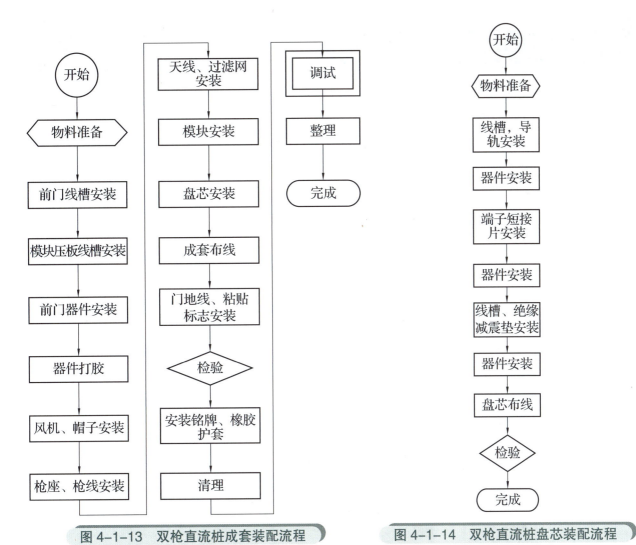

图 4-1-13 双枪直流桩成套装配流程

图 4-1-14 双枪直流桩盘芯装配流程

学习任务 2 充电桩安装工程施工技术的识读

学习目标

1. 掌握充电站总体布置。
2. 了解充电站和充电桩配电系统要求。
3. 了解配电线路及敷设要求。
4. 掌握充电桩桩体安装步骤。

4.2.1 充电站总体布置

（1）充电站的总体布置应便于电动汽车的出入及停放，保障站内人员和设施的安全，如图4-2-1所示。

（2）充电区的入口和出口至少应有两条车道与站外道路连接，并应设置缓冲距离或缓冲地带，附设电动汽车等候充电的停车道，便于电动汽车进出。

（3）充电区单车道宽度不应小于3.5m，双车道宽度不应小于6m。转弯半径按照电动汽车类型确定，且不宜小于9m；道路坡度不应大于6%，且坡向站外。

（4）充电机应靠近充电区设置，电动汽车在停车位充电时不应妨碍站内其他车辆的充电与通行。

（5）充电区应考虑安装防雨、雪的设施，以保护站内充电设施、方便进站充电的电动汽车驾乘人员。

图4-2-1 充电站的总体布置

4.2.2 充电站电气布置

（1）充电站电气设备的布置应遵循安全、可靠、适用的原则，并便于安装、操作、搬运、检修、调试。

（2）高压开关柜、变压器、低压开关柜、充电机、监控装置等，宜安装在各自的功能房间，且宜设在建筑物的首层，便于运输和安装。

（3）低压开关柜与充电机之间、充电机与充电区停车位之间应尽量靠近。

（4）当受到建设场地限制时，低压开关柜与充电机可安装在同一房间。或变压器与低压开关柜设置在同一房间，变压器应选用干式，且外壳防护等级不低于IP 20。

（5）当受到建设场地限制时，变配电设施与充电机可设置在户外组合式成套配电站中，其基础应适当抬高，以利于通风和防水。

（6）变压器室不宜与监控室贴邻布置或位于正下方，不能满足时应采取防止电磁干扰的措施。

4.2.3 充电站负荷及负荷等级

充电站主要用电设备包括充电机、监控设备、通风装置、其他用电设备及站内照明等。按照充电装置在经济社会中占有的重要程度，划分为下列两类电力用户。

在政治上具有重大影响，或中断供电将对社会公共交通产生较大影响，在一定范围内造成社会公共次序严重混乱、造成较大经济损失的充电站属于二级电力用户。不属于二级电力用户的充电站为三级电力用户。充电桩为三级电力用户。

4.2.4 供电电源要求

（1）二级电力用户的充电站宜由两回路高压供电电源供电，两回路高压供电电源宜引自不同的变电站，也可引自同一变电站的不同母线段。每回供电线路应能满足100%负荷的供电能力。

（2）三级电力用户的充电站由单回路供电电源供电。

（3）用电设备在100kW以上的充电站，应采用10kV（20kV）电压等级供电。用电设备容量在100kW及以下的充电站，可采用380V电压等级供电。

（4）交流充电桩应采用380/220V电压等级供电。

（5）直流充电桩应采用380V电压等级供电。

4.2.5 充电站和充电桩配电系统

主要电气设备应选用经国家质量监督检验检测部门检验合格的产品，电气和电子设备应具有3C认证标志。

1. 变压器

（1）变压器应采用节能环保型变压器。

（2）满足消防条件下，宜优先选用油浸式变压器。

（3）单台变压器的额定容量不宜大于1 600kVA。

（4）装有两台及以上变压器的二级电力用户充电站，当其中任意一台变压器退出运行后，剩余的变压器容量应能满足全部二级用电负荷的用电。

（5）变压器宜选用整流变压器，以减小谐波对公用电网的影响。绕组结线宜采用Dd0yn11，也可采用Yd11yn0。经技术经济比较合理时，也可采用移相式变压器。

（6）三级电力用户的充电站，可选用两台绕组结线分别为 Dyn11 和 Yyn0 的配电变压器，以减小谐波对公用电网的影响。

2. 开关柜

（1）宜选用小型化、无油化、紧凑式、免维修或少维护的电气设备。

（2）高压配电装置宜采用组合电器开关柜。当单台油浸式变压器额定容量为 630kVA 及以下、干式变压器额定容量为 800kVA 及以下时，变压器回路宜采用负荷开关 – 熔断器组合单元。当单台油浸式变压器额定容量为 630kVA 以上、干式变压器额定容量为 800kVA 以上时，变压器回路应选用带保护功能的断路器单元。

（3）低压开关柜宜采用金属封闭抽出式开关柜。

3. 充电站配电系统

（1）110kV（20kV）宜采用单母线接线或单母线分段接线，380V 宜采用单母线或单母线分段接线。

（2）采用整流变压器时，充电机的两回低压线路应分别接入整流变压器低压两个绕组系统。其他三相用电设备应均衡分配在整流变压器低压侧两个绕组，照明等单相用电设备应接于星形结线绕组侧，各单相负荷应均衡设置。

（3）变压器星形二次绕组的低压配电系统采用 TN-S 接地系统，变压器三角形二次绕组的低压配电系统采用 IT 接地系统。

（4）低压进线断路器宜具有短路瞬时、短路短延时、长延时三段保护功能，并具有接地保护功能。低压进线断路器宜设置分励脱扣装置，不宜设置失（低）压脱扣装置。

（5）容量较大或重要的用电设备，宜采用放射式供电。

4. 充电桩配电系统

（1）充电桩的接地系统应采用 TN-S。

（2）向充电桩供电的低压断路器应具有短路保护和剩余电流保护功能，其剩余电流保护额定动作电流为 30mA，动作时间不大于 0.1s。

（3）向充电桩供电的低压断路器宜带有分励脱扣器附件。

（4）成组布置的交流充电桩宜采用链式供电。

（5）交流充电桩的配电系统应尽量做到三相负荷平衡、各相负荷矩相等。

（6）直流充电桩宜采用放射式，也可采用链式供电。

（7）在新建停车场设置充电桩时，充电桩的计算负荷应纳入变压器总容量中。

（8）在已建成停车场设置充电桩时，应对配电站现有变压器进行容量校验，对配电装置进行校核。当不能满足要求时，应采取相应的技术改造措施。

4.2.6 配电线路及敷设要求

（1）配电线路和控制线路宜采用铜芯导体。

（2）高压电缆宜选用交联聚乙烯绝缘类型，低压电缆宜选用交联聚乙烯绝缘类型，照明及插座宜选用聚氯乙烯绝缘护套电线。

（3）移动式电气设备等经常弯移或有较高柔软性要求的回路，应使用橡胶绝缘等电缆。

（4）低压接地系统为TN-S时，宜选用五芯电缆，电缆中性线截面应与相线截面相同；低压接地系统为IT时，可选用带PE保护线的四芯电缆。

（5）用于三相用电设备的电力电缆，其外护套宜采用钢带铠装类。用于单相负荷及直流负荷的单芯电缆，其外护套不应采用导磁性材料铠装。

（6）低压电缆截面应满足最大电流工作时导体载流量的要求，并应校验线路允许电压降，以满足电气装置的正常工作。

（7）为便于低压供电线路引入、引出充电桩，低压线路的截面不宜大于120mm²。

（8）向成组布置的交流充电桩供电的低压电缆总长度应保证电缆线路正常泄漏电流不使剩余电流保护装置发生误动作。

（9）单芯电缆不宜单根穿钢管敷设，当需要单根穿管时，应采用非导磁管材，也可采用经过磁路分隔处理的钢管。

4.2.7 充电桩安装方式要求

（1）落地式安装应竖直于地面安装，允许误差为偏离竖直位置任一方向5°以内。室外落地安装时，应安装在专设的水泥底座上，底座高出地坪200mm以上。充电设备安装完成后，桩体的下部进线孔必须用防水泥可靠封堵，防止进水受潮。

（2）充电桩须安装在操作便利的位置。操作面板、充电桩插口、急停按钮须在便于客户操作的外侧。除了保证使用便利，还需留出足够空间进行维护或检修。

（3）壁挂式安装时应安装于与地平面垂直的墙面或立柱上，墙面或立柱应符合承重要求，固定可靠，安装高度应保证便于人工操作。建议安装高度为充电设备底部距地面高度1.2~1.4m，保证操作按钮高度1.6m。

（4）安装固定需稳固，并考虑防盗要求。

（5）充电桩的外壳、插座门、维修门必须可靠接地，输入回路对地、输出回路对地、输入对输出之间绝缘电阻不应小于10MΩ，如图4-2-2所示。

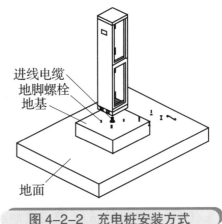

图4-2-2 充电桩安装方式

4.2.8 充电桩桩体安装

（1）拆开包装木箱。

（2）拆开保护膜。

（3）先按照钻孔模板要求，在水泥基座上钻四个直径18mm、深度100mm的孔，然后将膨胀螺栓穿墙膨胀部分插入钻好的孔里。

（4）将桩体对好孔，放在水泥基座上，用螺栓M12×60打紧锁死；充电桩与水泥基础有可靠的接地连接，接地电阻必须不大于4Ω，如图4-2-3所示。

（5）将预埋在桩体地基内的三相电缆接到桩体的输入端，注意五条线的接法，颜色要对应，柜体接地排上接入地线。注意：交流输入的相线和N线、地线截面积不小于25mm²，如图4-2-4所示。

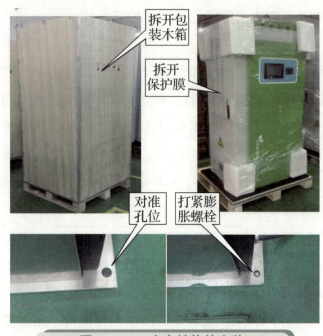

图4-2-3 充电桩体的安装

图4-2-4 将预埋在桩体地基内的三相电缆接到桩体的输入端

知识拓展

1. 充电桩消防设施及警报装置

（1）消防设施放置或装设地点的环境条件应符合相应产品或设施的正常使用要求。

（2）充电站内灭火器的配置应符合 GB 50140—2005《建筑灭火器配置设计规范》的要求。

（3）消防用沙应保持充足和干燥，消防沙箱、消防桶和消防铲、斧把上应涂红色。

（4）室内可能出现可燃气体或有毒气体时，应设置相应气体浓度检测报警器。

（5）室外充电区灭火器的配置应符合下列要求：①不考虑插电式混合动力汽车进入时，充电站应按轻危险级配置灭火器；②考虑插电式混合动力汽车进入时，充电站应按严重危险级配置灭火器。

（6）电动汽车充电站应同时设计消防给水系统，消防水源应有可靠的保证。

（7）消防用电设备应采用单独的供电回路，当发生火灾切断生产、生活用电时，仍应保证消防用电，其配电设备应设置明显标志。

（8）控制室、配电室、消防水泵房和疏散通道应设置火灾应急照明。

（9）火灾应急照明的备用电源连续供电时间不应少于 30min。

充电桩建设现状

2. 小区充电桩安装流程

2014 年 5 月，北京市发改委、北京市科委和北京市经信委联合下发的《北京市示范应用新能源小客车自用充电设施建设管理细则》指出，新能源小客车生产企业负责组织单位和个人的充电条件确认、充电设施建设，并纳入售后服务体系；小区物业、业委会对充电设施建设应予支持和配合。供电公司必须在 7 个工作日内答复用电报装和供电方案答复；而充电设施建设企业根据供电方案 3 个工作日内完成充电设施工程建设等后续工作。单位和个人申请安装充电桩的流程如图 4-2-5 所示。

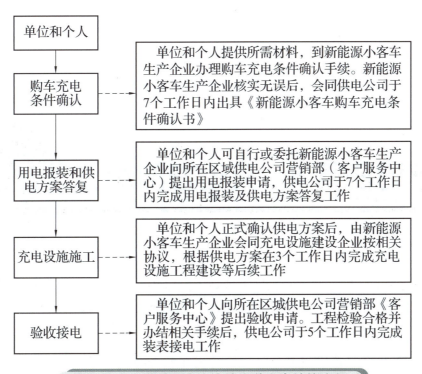

图 4-2-5　单位和个人申请安装充电桩的流程

目前许多汽车厂家对于充电桩的安装政策不同,有的厂家负责免费安装充电桩;有的厂家提供一定的安装基金,另外很少一部分需要客户支付费用。确认安装充电桩后,可能还有些问题,比如是否有固定车位。有些车友有年租的固定车位,但小区物业为了便于管理以及免去退租后的设备拆卸麻烦,根本不允许租用车位安装充电桩。有的小区需要业主购买车位后才可以安装充电桩。所以事先去物业了解车位情况,是很有必要的。

1)勘察是否有安装条件

在安装充电桩前,首先要勘察自己是否有安装条件,如是否有固定车位、离国家电网线路有多远等,可以去小区物业了解情况。

2)选择充电桩类型

充电桩大致分为壁挂式、立桩式和移动式。壁挂式的优势就是节省空间,价格偏低,但必须安装在可以布线的墙壁上。立柱式的价格偏高,而且会占用较大的空间,但可以安装在四周空旷的停车场当中。移动式适用于无固定充电场所的情况,优点是可移动、可携带、节省空间。

3)了解小区供电类型

充电桩供电最常见的就是普通居民用电,需要到国家电网申请供电箱走线,审批合格后,国家电网会派相应工作人员上门布线。如果小区内使用的是商业用电高压自管,可以免去和国家电网打交道的烦琐过程,直接找物业协商就可以解决,但电价比民用电高出不少。

4)确认充电桩安装方案

确认充电桩安装方案无误后开始施工。施工方要给出相应的安装方案,一般包括安装费用和明细以及施工布线图。

学习任务3 充电桩的测试

学习目标

1. 掌握充电桩检验的类别。
2. 了解直流充电桩的试验项目。
3. 了解交流充电桩的试验项目。

4.3.1 充电桩检验的类别

1. 定型式试验

在下列情况下，产品应进行型式试验。

（1）新投产的产品（包括转厂生产的产品），应在生产鉴定前进行型式试验。

（2）当设计变更、工艺或主要元器件改变而影响产品性能时，应在投入生产前进行型式试验。

（3）停产两年以上的产品，应在再次投入生产前进行型式试验。

2. 出厂检验

每台产品均应进行出厂检验，经过制造厂技术检验部门确认后，并具有证明产品合格的证明书方能出厂。

3. 到货验收

收货单位宜对收到的产品在使用前进行到货检验，产品验收合格后方能投入使用。具体验收抽样方案由各收货单位自行决定。

4.3.2 交流充电桩的试验项目

交流充电桩的试验项目如表4-3-1所示。

表4-3-1 交流充电桩的试验项目

序号	试验项目	定型式试验	出厂检验	到货验收
1	一般检查			
	外观检查	√	√	√
	标志检查	√	√	√
	基本构成检查	√	√	√
	充电模式和连接方式检查	√	—	—
2	功能试验			
	显示功能试验	√	√	√*
	输入功能试验	√*	√*	√*
	计量功能试验	√	—	—
	通信功能试验	√	—	—

续表

序号	试验项目	定型式试验	出厂检验	到货验收
3	安全要求试验			
	急停功能试验	√*	√*	√*
	带载分合电路试验	√	—	√*
	输出短路保护试验	√	—	√*
	漏电保护试验	√	—	√*
	输入过电压保护试验	√	—	√*
	锁止装置功能试验	√	—	√*
	过温保护试验	√	—	√*
	连接器温度检测功能试验	√*	—	√*
	PWM 功率调节功能试验	√	—	√*
4	电击防护试验			
	直接接触防护试验	√	—	√*
	带电部件外露断电试验	√*	√*	√*
	动力电源输入失电试验	√	√	√*
5	电气间隙和爬电距离试验	√	—	—
6	绝缘性能试验			
	绝缘电阻试验	√	√	√*
	介电强度试验	√	√	—
	冲击耐压试验	√	—	—
7	接触电流试验	√	—	—
8	允许表面温度试验	√	—	—
9	待机功耗试验	√	—	—
10	控制导引试验			
	充电控制状态试验	√	√	√*
	充电连接控制时序试验	√	√	√*
	控制导引电压限值试验	√	—	√*
	保护接地连续性试验	√	—	√*
	控制导引信号异常试验	√	—	√*
	断开开关 S2 再闭合试验	√	—	—
	过电流试验	√	—	√*

续表

序号	试验项目	定型式试验	出厂检验	到货验收
11	耐气候环境试验			
	防止固体异物进入试验	√	—	—
	防止水进入试验	√	—	—
	防盐雾试验	√	—	—
	防锈（防氧化）试验	√	—	—
	耐冲击强度试验	√	—	—
12	环境试验			
	低温试验	√	—	—
	高温试验	√	—	—
	交变湿热试验	√	—	—
13	电磁兼容试验			
	抗扰度试验	√	—	—
	发射试验	√	—	—

注："√"表示必检项目；"√*"表示选检项目；"—"表示可不测项目。

4.3.3 直流充电桩的试验项目

直流充电桩的试验项目如表4-3-2所示。

表4-3-2 直流充电桩的试验项目

序号	试验项目	定型式试验	出厂检验	到货验收
1	一般检查			
	外观检查	√	√	√
	标志检查	√	√	√
	基本构成检查	√	√	√
	充电模式和连接方式检查	√	—	—
	充电连接装置检查	√	—	—
	电缆管理及储存检查	√	—	—
	机械开关设备检查	√	—	—
	防雷措施检查	√	—	—
	防盗措施检查	√*	—	√*

续表

序号	试验项目	定型式试验	出厂检验	到货验收
2	功能试验			
	充电控制功能检查	√	√	√*
	通信功能试验	√	—	—
	绝缘检测功能试验	√	√	√*
	直流输出回路短路检测功能试验	√	—	—
	车辆插头锁止功能试验	√	√	√*
	车辆插头温度监控功能试验	√	—	—
	预充电功能试验	√	√	√*
	显示功能试验	√	√	√*
	输入功能试验	√*	√*	√*
	动态功率分配功能试验	√	—	—
	计量功能试验	√	—	—
	急停功能	√	√	√*
	掉电保存功能试验	√	—	—
3	安全要求试验			
	输入过电压保护试验	√	√	√*
	输入欠电压保护试验	√	√	√*
	输出过电压保护试验	√	√	√*
	输出短路保护试验	√	—	√*
	过温保护试验	√	√*	√*
	开门保护试验	√*	√*	√*
	启动急停装置试验	√	√	√*
	输入电流过冲试验	√	√	√*
	蓄电池反接试验	√	√	√*
	防逆流功能试验	√	—	√*
	接触器粘连试验	√	√	√*
4	防护试验			
	直接接触防护试验	√	—	√*
	动力电源输入失电试验	√	√	√*

续表

序号	试验项目	定型式试验	出厂检验	到货验收
4	电气间隙和爬电距离试验	√	—	√*
4	接地试验	√	—	√*
4	电气隔离检查	√	—	√*
5	绝缘性能试验			
5	绝缘电阻试验	√	√	√*
5	介电强度试验	√	√	—
5	冲击耐压试验	√	—	—
6	充电输出试验			
6	最大恒功率输出试验	√	—	—
6	功率控制试验	√*	—	—
6	低压辅助电源试验	√	√	√*
6	稳流精度试验	√	√	√*
6	稳压精度试验	√	√	√*
6	电压纹波因数试验	√	√	√*
6	电流纹波试验	√	√	√*
6	输出电流设定误差试验	√	√	√*
6	输出电压设定误差试验	√	√	√*
6	限压特性试验	√	√	√*
6	限流特性试验	√	√	√*
6	输出电流响应时间试验	√	—	—
6	输出电流停止速率试验	√	—	—
6	启动输出过冲试验	√	—	—
6	输出电流测量误差试验	√	—	—
6	输出电压测量误差试验	√	—	—
6	测量值更新时间试验	√	—	—
6	效率试验	√	√*	—
6	功率因数试验	√	√*	—
7	待机功耗试验	√	—	—
8	协议一致性试验	√	√	√*

续表

序号	试验项目	定型式试验	出厂检验	到货验收
9	控制导引试验			
	充电控制状态试验	√	√	√*
	充电连接控制时序试验	√	√	√*
	控制导引电压限值试验	√	—	√*
	通信中断试验	√	√	√*
	保护接地导体连续性试验	√	√	√*
	连接检测信号断开试验	√	√	√*
	输出冲击电流试验	√	—	√*
	蓄电池电压与通信报文不符试验	√	—	√*
	蓄电池电压超过充电机范围试验	√	—	√*
	蓄电池二重保护功能试验	√	—	√*
	车辆最高允许充电总电压不匹配试验	√	—	√*
	充电需求大于蓄电池参数试验	√	—	√*
10	噪声试验	√	—	—
11	内部温升试验	√	—	—
12	允许温度试验	√	—	√*
13	机械强度试验	√	—	—
14	耐气候环境试验			
	防止固体异物进入试验	√	—	—
	防止水进入试验	√	—	—
	防盐雾试验	√	—	—
	防锈（防氧化）试验	√	—	—
15	环境试验			
	低温试验	√	—	—
	高温试验	√	—	—
	交变湿热试验	√	—	—
17	电磁兼容试验			
	抗扰度试验	√	—	—
	发射试验	√	—	—

注："√"表示必检项目；"√*"表示选检项目；"—"表示可不测项目。

4.3.4 充电桩合格判定

定型式试验、出厂检验和到货验收项目按表 4-3-1 和表 4-3-2 进行，当每个类别的所有试验项目都符合要求后，才能判定此类别合格，否则判定为不合格。

4.3.5 充电桩一般检查

1. 外观检查

充电桩（含充电连接装置）的外壳应平整，无明显凹凸痕、划伤、变形等缺陷；表面涂镀层应均匀，无脱落；零部件（含充电连接装置）应紧固可靠，无锈蚀、毛刺、裂纹等缺陷和损伤。充电桩桩体的要求应符合 Q/GDW 10485—2018《国家电网公司电动汽车交流充电桩技术条件》中 7.3.2 的规定。

2. 标志检查

目测检查充电桩铭牌位置和内容应正确、完整，铭牌内容应符合 Q/GDW 10485—2018《国家电网公司电动汽车交流充电桩技术条件》中 8.1 的规定。目测检查充电桩上接线、接地及安全标志应正确、完整。通过观察并用一块浸透蒸馏水的脱脂棉在约 15s 内擦拭 15 个来回，随后用一块浸透汽油的脱脂棉在约 15s 内擦拭 15 个来回，试验期间应用约 $2N/cm^2$ 的压力将脱脂棉压在标志上，试验后，标志仍应易于辨认。

3. 基本构成检查

打开充电桩盖或门，目测检查充电桩的基本构成应符合 Q/GDW 10485—2018《国家电网公司电动汽车交流充电桩技术条件》中第 5 章的规定。

4. 充电模式和连接方式检查

按照以下步骤进行试验：

（1）充电桩采用的充电模式应符合 GB/T 18487.1—2015《电动汽车传导充电系统 第 1 部分：通用要求》中 5.1 规定的充电模式 3；连接方式应采用 GB/T 18487.1—2015《电动汽车传导充电系统 第 1 部分：通用要求》中 3.1.3 规定的连接方式 A、连接方式 B、连接方式 C 中任意一种，如图 4-3-1 所示。对于额定电流大于 32A 的充电桩，检查其应采用连接方式 C。

（2）充电桩配置的充电用连接装置应具备符合 GB/T 20234.1—2015《电动汽车传导充电用连接装置 第 1 部分：通用要求》、GB/T 20234.2—2015《电动汽车传导充电用连接装置 第 2 部分：交流充电接口》的规定的证明材料，或者按照 GB/T 34657.1—2017《电动汽车传导充电互操作性测试规范 第 1 部分：供电设备》中 6.2 规定的方法对供电插座（连接方式 A 或连接方式B）、车辆插头（连接方式C）的结构尺寸、插头空间尺寸（连接方式C）进行复核。

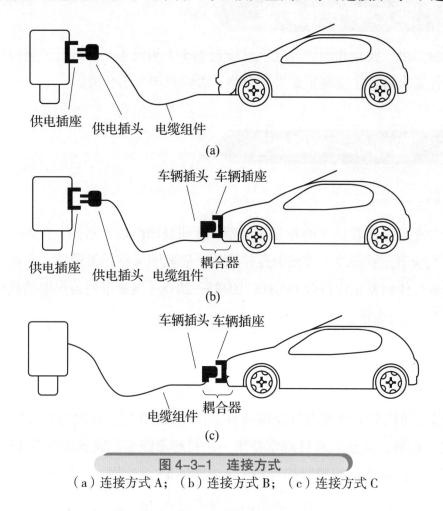

图 4-3-1 连接方式
（a）连接方式A；（b）连接方式B；（c）连接方式C

4.3.6 车辆插头锁止功能试验

将充电机连接试验系统，启动充电，按照以下步骤进行试验：

（1）通过检查检测点1电压值，并施加符合 GB/T 20234.1—2015《电动汽车传导充电用连接装置 第1部分：通用要求》中6.3.2规定的拔出外力，检查机械锁止装置的有效性。

（2）通过检查电子锁反馈信号变化和机械锁是否能操作，检查电子锁止装置对机械锁止装置的连锁效果。当电子锁未可靠锁止时，检查充电机应不允许充电。在整个充电过程中（包括绝缘自检），检查充电机电子锁止应可靠锁止，不允许带电解锁且不应由人手直接操作解锁。

（3）模拟故障不能继续充电、充电完成时，检查在解除电子锁时车辆接口电压应降至60V DC以下；检查电子锁装置应具备应急解锁功能。

4.3.7 急停功能试验

按照以下步骤进行试验：

（1）检查充电机应安装急停装置，且具备防止误操作的防护措施。

（2）对于一体式充电机，将充电机连接试验系统，在充电过程中，模拟启动急停装置，检查充电机应能同时切断充电机的动力电源输入和直流输出。

（3）对于分体式充电机，将充电机连接试验系统，在充电过程中，模拟启动急停装置，检查充电机应能切断相应充电终端的直流输出。

4.3.8 充电桩日常巡检维护方法

查设备情况时，一般采用直接感觉诊断法来进行故障诊断，概括起来可分为问、查、听、试，具体如表 4-3-3 所示。

表 4-3-3 充电桩日常巡检维护方法

检查方式	检查内容	参考诊断
问	询问用户日常使用过程中遇到的常见故障及使用心得	
查	1. 充电车位环境检查 （1）充电车位清洁情况，有无杂物 （2）照明情况是否良好，有无应急照明 （3）充电桩表面、充电桩上有无异物 （4）充电桩供电及通信线管道或桥架连接是否良好，有无断裂情况 （5）充电位消防设施是否齐全 （6）有无应急消防操作指导 （7）核对充电桩运行保养记录，了解机组运行保养状况 2. 充电桩整体状况检查 （1）充电桩底座是否有损坏、裂痕、倾斜现象 （2）检查充电桩本身及布线管道或桥架各部件的安装情况，各附件安装的稳固程度及固定膨胀螺栓相连是否牢靠 （3）检查充电桩固定情况，有无脱落、晃动现象 （4）充电枪是否脱落，枪头是否插在枪位内，充电桩内部及枪头内部有无残留水 （5）充电桩进线接线端子、通信线接线端子有无松动、烧黑，充电桩内部元器件安装是否牢靠，有无损伤、脱落 （6）充电桩电缆布线是否合理、是否使用软线连接，各接线端子有无松动 （7）充电桩内接地端子是否有明显的标志，并接地良好 3. 充电桩配电柜的检查 （1）配电柜柜门是否上锁，柜体上电源指示灯是否正常，配电柜是否掉落、倾斜，配电柜表面和内部是否有水汽 （2）配电柜内部是否安装防护网，柜门与柜体之间是否可靠接地 （3）配电柜上方桥架是否松动，桥架盖板有无脱落现象 （4）配电柜内部断路器接线螺丝是否有烧毁、烧黑现象，配电柜内部电流互感器、铜排、接线端子是否有烧毁、烧黑现象	1. 现场应具备相应的消防器材 2. 设备基础部分如有开裂或缺口，应及时修复 3. 若充电枪头或充电桩内有积水或水汽，应及时清洁干净并检测是否有短路现象 4. 发现接线端子松动，应及时加固或更换 5. 铜牌焦黑应及时更换，并对设备进行详细检测，查找故障原因

续表

检查方式	检查内容	参考诊断
查	（5）断路器下方至充电桩配线是否排列整齐，线缆有无松动现象 （6）配电柜内部接地铜排上接地线是否牢靠，有无松动 4. 外观安全检查 （1）充电桩是否破损、变形、掉落 （2）充电枪接口防护罩是否脱落 （3）充电桩充电接口防水保护罩是否掉落、破损 （4）充电桩门锁是否损坏，柜门是否关闭 （5）充电桩内部接地线是否脱落、松动，断路器、防雷器外观是否有损伤 （6）充电桩内部是否烧糊，有异味、黑色灰尘 （7）充电桩内部电源、通信接线是否牢靠，有无松动 （8）充电桩外部配电管道或桥架卡扣螺丝是否有松动、脱落，翻查充电桩后台，查看近期的故障记录及工作日志	1. 现场应具备相应的消防器材 2. 设备基础部分如有开裂或缺口，应及时修复 3. 若充电枪头或充电桩内有积水或水汽，应及时清洁干净并检测是否有短路现象 4. 发现接线端子松动，应及时加固或更换 5. 铜牌焦黑应及时更换，并对设备进行详细检测，查找故障原因
听	听设备运行过程中的响声，根据充电桩工作时内部继电器声音来判断充电桩是否正常吸合、散热风机是否正常启动	发现异响，应及时检查散热风机，看是否有杂物或积尘并及时清除
试	1. 充电桩功能检查 （1）使用管理卡或使用 APP 扫描对每一台充电桩进行功能性检查 （2）检查充电桩是否供电，指示灯是否亮起 （3）检查充电桩显示屏是否亮起 （4）检查刷卡器是否能够正常刷卡 （5）检查充电桩设备是否与互联网连接 （6）检查充电接口是否能够使用 2. 电气及控制系统检查 （1）进线电缆和枪头的选用是否适合充电桩输入电压以及额定电流 （2）充电桩是否良好接地，端子是否有明显的标志 （3）充电桩独立电气回路对地及回路间的绝缘电阻应不低于规定 （4）电缆的接线端子是否连接紧密并牢固 （5）充电桩配电电线及内部控制线有无老化 （6）充电桩控制电路板，内部各个设备有无老化 （7）充电桩供电端电压、对地电压是否在正常值范围内 （8）充电桩漏电电压、电流是否在正常值范围内 （9）使用红外线测温仪对设备的主板、模块、铜牌等部位进行温度检测 （10）按下漏电开关的漏电测试按钮，检测漏电开关是否会自动分断	1. 充电桩分直流、交流，常见的是交流（7kW）、直流（60kW） 直流充电桩： 输入电压 380~400V，输出电压 200~750V，输出功率 60kW 交流充电桩： 输入电压 200~240V，输出电压 200~240V，输出功率：7kW 工作温度：−20~+50℃ 2. 设备如不在线，应重启设备或将 SIM 卡拔出，擦干净表面氧化层后重新插入卡槽内
备注	在日常检查过程中，如涉及触碰设备内部，必须关闭电源，停电作业，严禁一切带电检查及施工作业	

知识拓展

1. 防止水进入试验

按照 GB/T 4208—2017《外壳防护等级（IP 代码）》的方法进行防止水进入试验：室外使用或室内暴露于污染的工业环境的充电桩应符合 IPX 4 的规定，可进行摆管喷水试验或喷头淋水试验。试验后，检查充电桩壳内无明显积水，或有进水，但不应影响充电桩的正常操作或破坏安全性，且通电后充电桩运行正常。

按照以下步骤进行测试：

（1）摆管喷水试验。将充电桩放在摆管下，在摆管与垂直方向 ±180° 的范围内进行淋水，摆管最大半径 1.6m，充电桩与摆管最大距离 0.2m，摆管每孔流量 0.07L/min，试验持续 10min。

（2）喷头淋水试验。使用喷头对充电桩进行淋水试验，水流量 12.5L/min，压力在 50~150kPa 的范围内，试验期间压力应维持恒定，喷头需要除去平衡重物的挡板，使充电桩外壳各个可能的方向都受到溅水，试验时间按充电桩外壳表面积 $1min/m^2$ 计算，最少 5min。

（3）室内使用的充电桩应符合 IPX 2 的规定，将充电桩固定在滴水台上，被试外壳在四个倾斜的固定位置各试验 2.5min，这四个位置在两个互相垂直的平面上与垂线各倾斜 15°，滴水流量 3mm/min。试验后，检查充电桩内无明显积水，或有进水，但不应影响充电桩的正常操作或破坏安全性，且通电后充电桩运行正常。

2. 防盐雾试验

按照 GB/T 2423.17—2008《电工电子产品环境试验 第 2 部分：试验方法 试验 Ka：盐雾》的方法进行试验，试验前对充电桩内印刷线路板、接插件等部件进行清洁，尽量避免手接触试样表面。将试样放入盐雾试验箱，试验所使用的盐为高品质的氯化钠，干燥时，碘化钠的含量不超过 0.1%，杂质的总含量不超过 0.3%。盐溶液的浓度为（5±1）%（质量比），可通过将质量为（5±1）份的盐溶解在质量为 95 份的蒸馏水或去离子水中得到。试验中试验箱内温度为（35±2）℃，pH 值维持在 6.5~7.2，持续时间 48h。试验后将小试样在自来水下冲洗 5min，然后用蒸馏水或者去离子水冲洗，然后晃动或用气流干燥去掉水滴。试样在标准恢复条件下放置不少于 1h，且不超过 2h。试验后进行目视检查，试样表面盐沉积量应符合 Q/GDW 10485—2018《国家电网公司电动汽车交流充电桩技术条件》中 7.4.2 的规定。

3. 防锈（防氧化）试验

选取充电桩铁质外壳、暴露的铁制支架、零件以及非铁质的金属外壳等代表性试样或部件浸入四氯化碳、三氯乙烷或等效脱脂剂中浸泡 10min，去除所有的油脂，然后将部件浸入温度为（20±5）℃、氯化铵含量为 10% 的水溶液中 10min。将试样上的液滴甩掉，但不擦干，然后将试样放进装有温度为（20±5）℃的饱和水汽的空气的容器中，时间为 10min。将试样置于温度为（100±5）℃的加热容器中烘干 10min，再置于室温 24h，试样表面应无任何锈迹。边缘上的锈迹和可擦掉的任何黄印可以忽略不计。

学习情境 5
充电桩（站）常见故障的检修

学习任务 1　检修充电桩不能充电的故障

> **学习目标**
>
> 1. 了解平台注册校验不成功故障原因。
> 2. 了解直流母线输出过电压告警故障原因。
> 3. 了解直流母线输出欠电压告警故障原因。
> 4. 了解蓄电池充电过电流告警故障原因。

5.1.1　平台注册校验不成功

（1）故障现象：液晶屏显示"故障代码：7"，如图 5-1-1 所示。

（2）常见原因：网络信号不通或者车联网后台有问题。

（3）处理方法：恢复网络信号，确认车联网后台正常后重新注册。

5.1.2 直流母线输出过电压告警

（1）故障现象：液晶屏显示"故障代码：11"，如图 5-1-2 所示。

（2）常见原因：直流母线输出侧冲击电压过大，模块输出失控。

（3）处理方法：检查模块状态，如果损坏，则更换模块。

图 5-1-1　液晶屏显示"故障代码：7"

图 5-1-2　液晶屏显示"故障代码：11"

5.1.3 直流母线输出欠电压告警

（1）故障现象：液晶屏显示"故障代码：12"，如图 5-1-3 所示。

（2）常见原因：①负载过大，导致瞬间输出欠电压告警；②模块损坏。

（3）处理方法：①瞬间告警后又恢复正常，可不予处理；②更换模块。

5.1.4 蓄电池充电过电流告警

（1）故障现象：液晶屏显示"故障代码：13"，如图 5-1-4 所示。

（2）常见原因：充电时电池的电流需求值大于充电桩的设定阈值，引发充电桩控制系统过电流保护。

（3）处理方法：检查电池状态是否正常，检查充电机模块是否正常。

图 5-1-3　液晶屏显示"故障代码：12"

图 5-1-4　液晶屏显示"故障代码：13"

5.1.5 蓄电池模块采样点过温告警

（1）故障现象：液晶屏显示"故障代码：14"，如图 5-1-5 所示。

（2）常见原因：充电过程中，蓄电池温度过高。

（3）处理方法：停止充电，待蓄电池冷却后再进行充电。

此现象属于电池问题，与充电桩无关。一般情况下，当电池温度过高时，BMS 会直接通知充电桩停止充电。

5.1.6 急停按钮动作故障

（1）故障现象：液晶屏显示"故障代码：16"。

（2）常见原因：若充电桩正常，则为按下急停按钮，且按下按钮后一直没有恢复。

（3）处理方法：恢复急停按钮，向右旋转急停按钮然后松开，即可恢复急停按钮，如图 5-1-6 所示。

图 5-1-5　液晶屏显示"故障代码：14"

图 5-1-6　向右旋转急停按钮然后松开

5.1.7 绝缘检测故障

（1）故障现象：液晶屏显示"故障代码：17"，如图 5-1-7 所示。

（2）常见原因：①充电机柜接地或者充电桩体接地；②绝缘检测模块损坏。

（3）处理方法：①检查充电机柜体接地或者充电桩体是否接地；②更换绝缘检测模块。

图 5-1-7　液晶屏显示"故障代码：17"

5.1.8 交流断路器故障

（1）故障现象：液晶屏显示"故障代码：39"，如图 5-1-8 所示。
（2）常见原因：交流断路器跳闸，断路器损坏，过电流或短路。
（3）处理方法：检查断路器状态，如果是跳闸，确认下级设备状态正常后关闭交流断路器。如果断路器损坏，更换断路器。

图 5-1-8　液晶屏显示"故障代码：39"及故障设备位置

5.1.9 直流母线输出熔断器故障

（1）故障现象：液晶屏显示"故障代码：41"，如图 5-1-9 所示。
（2）常见原因：下级电路短路导致熔断器保护动作。
（3）处理方法：检查下级电路系统，更换熔断器。

图 5-1-9　液晶屏显示"故障代码：41"及故障设备位置

知识拓展

电动汽车充换电设施图形符号如表 5-1-1 所示。

表 5-1-1 电动汽车充换电设施图形符号

序号	图形符号	含义	说明
1		充换电（charging/battery swap infrastructure）	表示为电动汽车提供充换电服务的场所，如充换电站、充电站、换电站等；亦可表示充换电功能。用于道路上或充换电站、充电站、换电站等位置
2		直流充电（DC charging）	表示为电动汽车提供直流充电服务的场所或设备，如直流充电处、直流充电区、直流充电桩等；亦可表示直流充电功能。一般不用于道路上
3		交流充电（ACC charging）	表示为电动汽车提供交流充电服务的场所或设备，如交流充电处、交流充电区、交流充电桩等；亦可表示交流充电功能。一般不用于道路上
4		电池更换（battery swapping）	表示为电动汽车提供电池更换服务的场所，如电池更换处、电池更换区等；亦可表示电池更换功能。一般不用于道路上

直流充电标志如图 5-1-10 所示。

图 5-1-10 直流充电标志

（a）A 型——白底、白图、蓝字；（b）B 型——蓝底、蓝图、白字；
（c）C 型——基材底色、黑图、黑字（或基材底色、白图、白字）

学习任务2　检修充电桩通信系统的故障

学习目标

1. 了解直流充电桩TCU*与充电控制器通信故障常见原因。
2. 了解直流充电桩读卡器通信故障常见原因。
3. 了解直流充电桩电能表通信故障常见原因。
4. 了解直流充电桩BMS通信异常常见原因。

5.2.1　直流充电桩TCU与充电控制器通信故障

（1）故障现象：液晶屏显示"故障代码：1"，如图5-2-1所示。

（2）常见原因：①TCU与充电桩控制器之间的CAN总线接线松动；②TCU与充电桩控制器双向报文发送异常；③数据异常；④TCU发送数据异常或充电桩控制器数据发送异常。

（3）处理方法：对于原因①，应检查TCU上CAN总线接线是否压接牢固；对于原因②、③、④，直接联系设备厂家处理。

图5-2-1　液晶屏显示"故障代码：1"及故障设备位置

5.2.2　直流充电桩读卡器通信故障

（1）故障现象：液晶屏显示"故障代码：2"，如图5-2-2所示。

---

* TCU为远程信息控制单元（Telematics Control Unit）。

（2）常见原因：①TCU与读卡器接线松动；②读卡器损坏；③TCU程序运行出错。

（3）处理方法：①重启TCU；②检查读卡器接线，确认读卡器接线牢固，注意检查读卡器通信线的屏蔽是否做到位；③更换读卡器。

 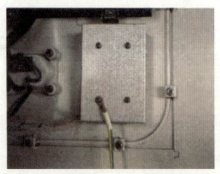

图5-2-2　液晶屏显示"故障代码：2"及故障设备位置

5.2.3　直流充电桩电能表通信故障

（1）故障现象：液晶屏显示"故障代码：3"，如图5-2-3所示。

（2）常见原因：TCU与电能表接线松动，或者接反。

（3）处理方法：检测TCU与电能表接线。

图5-2-3　液晶屏显示"故障代码：3"及故障设备位置

5.2.4　直流充电桩BMS通信异常

（1）故障现象：液晶屏显示"故障代码：10"，如图5-2-4所示。

（2）常见原因：①电动汽车BMS故障；②车辆未获取充电桩提供的辅助电源；③充电连接线没有插好。

（3）处理方法：①检查是否插好充电连接线；②检查辅助电源是否有故障；③检查充电桩与车辆的通信协议版本号是否一致。

图 5-2-4　液晶屏显示"故障代码：10"及故障设备位置

5.2.5　交流充电桩 TCU 与充电控制器通信故障

（1）故障现象：液晶屏显示"故障代码：1"，如图 5-2-5 所示。

（2）常见原因：①TCU 与充电桩控制器之间的 CAN 总线接线松动；②TCU 与充电桩控制器双向报文发送异常；③TCU 发送数据异常或充电桩控制器数据发送异常。

（3）处理方法：检查 TCU 上 CAN 总线接线是否压接牢固。

图 5-2-5　液晶屏显示"故障代码：1"及故障设备位置

5.2.6　交流充电桩读卡器通信故障

（1）故障现象：液晶屏显示"故障代码：2"，如图 5-2-6 所示。

（2）常见原因：①TCU 与读卡器接线松动；②读卡器损坏；③TCU 程序运行出错。

（3）处理方法：①重启 TCU；②检查读卡器接线，确认读卡器接线牢固，注意检查读卡器通信线的屏蔽是否做到位；③更换读卡器。

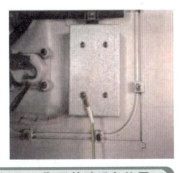

图 5-2-6　液晶屏显示"故障代码：2"及故障设备位置

5.2.7 交流充电桩电能表通信故障

（1）故障现象：液晶屏显示"故障代码：3"，如图 5-2-7 所示。

（2）常见原因：TCU 与电能表接线松动，或者接反。

（3）处理方法：检测 TCU 与电能表接线。

图 5-2-7 液晶屏显示"故障代码：3"及故障设备位置

知识拓展

1. 250A 分体式一桩双枪直流充电桩结构外形

充电设备结构尺寸设计结合人机工程学，合理规划设备外形和人机操作位置尺寸，方便用户操作。充电桩壳体采用 2.0mm 冷轧钢板，表面喷塑处理，防护等级 IP 55。250A 分体式一桩双枪直流充电桩结构外形如图 5-2-8 所示。

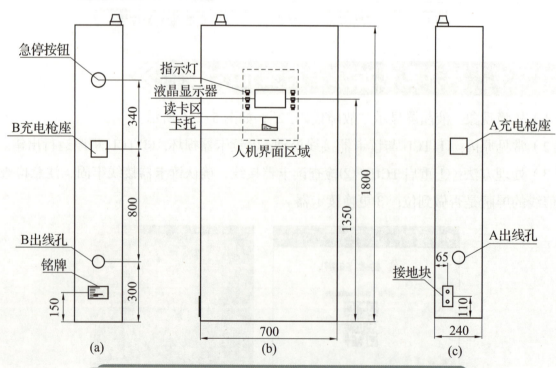

图 5-2-8 250A 分体式一桩双枪直流充电桩结构外形
（a）右视图；（b）主视图（正面）；（c）左视图

2. 250A 分体式一桩双枪直流充电桩结构布局

充电设备结构布局按照功能区划分，充分考虑安装方便、布线美观、维护快捷等因素，做到强弱电分离，工作安全可靠。250A 分体式一桩双枪直流充电桩结构布局如图 5-2-9 所示。

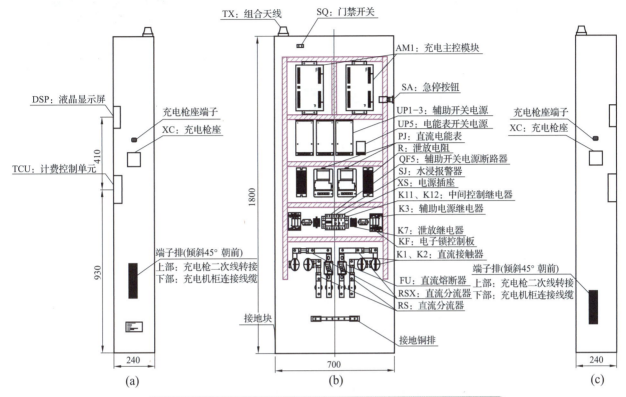

图 5-2-9　250A 分体式一桩双枪直流充电桩结构布局
（a）右视图；（b）主视图（正面）；（c）左视图（内侧）

学习任务 3　检修充电桩管理系统的故障

学习目标

1. 了解 ESAM* 故障常见原因。
2. 了解交易记录存储失败常见原因。
3. 了解平台注册校验不成功常见原因。
4. 了解充电模块故障常见原因。

---

* ESAM 为嵌入式安全控制模块（Embedded Secure Access Module）。

5.3.1 ESAM 故障

（1）故障现象：液晶屏显示"故障代码：4"。
（2）常见原因：ESAM 芯片损坏，如图 5-3-1 所示。
（3）处理方法：更换 ESAM 芯片。

图 5-3-1　损坏的 ESAM 芯片

5.3.2 交易记录存储失败

（1）故障现象：液晶屏显示"故障代码：6"，如图 5-3-2 所示。
（2）常见原因：设备闪存损坏，或者设备闪存数据已存满。
（3）处理方法：检查设备是否处于在线状态，以及设备闪存是否损坏。

5.3.3 平台注册校验不成功

（1）故障现象：液晶屏显示"故障代码：7"，如图 5-3-3 所示。
（2）常见原因：网络信号不通或者车联网后台有问题。
（3）处理方法：恢复网络信号，确认车联网后台正常后重新注册。

图 5-3-2　液晶屏显示"故障代码：6"

图 5-3-3　液晶屏显示"故障代码：7"

5.3.4 充电模块故障

（1）故障现象：液晶屏显示"故障代码：25"，如图 5-3-4 所示。
（2）常见原因：①模块通信线接触不良；②模块本身故障。
（3）处理方法：检查模块通信线接线情况，如果是模块自身故障，更换模块。

单模块故障时，故障模块可退出工作而不影响其他模块充电，不会报充电模块故障。如果在充电机未启用时就报故障代码 25，则应检查模块通信线接线情况。

 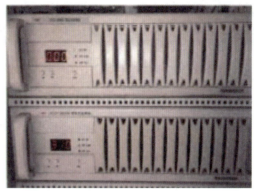

图 5-3-4　液晶屏显示"故障代码：25"及故障设备位置

5.3.5　TCU 其他故障

（1）故障现象：液晶屏显示"故障代码：46"，如图 5-3-5 所示。

（2）常见原因：除通信故障、ESAM 故障、交易记录满等原因外其他原因引起的故障。

（3）处理方法：确认设备状态没有问题后更换 TCU。

目前充电桩设备厂家众多，也有可能其他原因导致 TCU 故障

5.3.6　充电过程中充电电流小

（1）问题现象：充电过程中 TCU 终端监控显示电流 10A 左右，如图 5-3-6 所示。

（2）常见原因：①充电模块故障；②充电桩整机控制器参数调试时进行了设置，调试完成后没有恢复；③车辆问题。

（3）处理方法：①检查充电模块是否故障，若故障，及时更换；②与设备厂家沟通调试完成后是否恢复出厂设置；③与用户沟通车辆的电池系统是否有异常。

对于原因③，车辆的单体电池温度过高、电池的电量都会影响到充电电流的大小。

 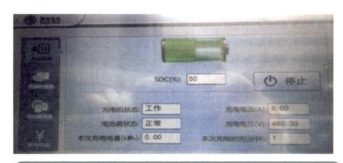

图 5-3-5　液晶屏显示"故障代码：46"　　图 5-3-6　充电过程中 TCU 终端监控显示电流 10A 左右

5.3.7 电动车 SOC 充电到 90% 左右跳枪

（1）问题现象：电动车 SOC 充电到 90% 左右跳枪，停止充电。
（2）常见原因：车辆电池的单体电池电压过高。
（3）处理方法：正常现象，无须处理，需要和用户沟通。

在充电的过程中，当电池的单体电压过高时，电池管理系统出于电池的自我保护，将通知充电桩停止充电。充电桩接到停止充电的信息后，跳枪停止充电。

知识拓展

1. 80kW 一体式一机一枪充电机结构外形

充电设备结构尺寸设计结合人机工程学，合理规划设备外形和人机操作位置尺寸，方便用户操作。充电机壳体采用 2.0mm 冷轧钢板，表面喷塑处理，防护等级 IP 54。80kW 一体式一机一枪充电机结构外形如图 5-3-7 所示。

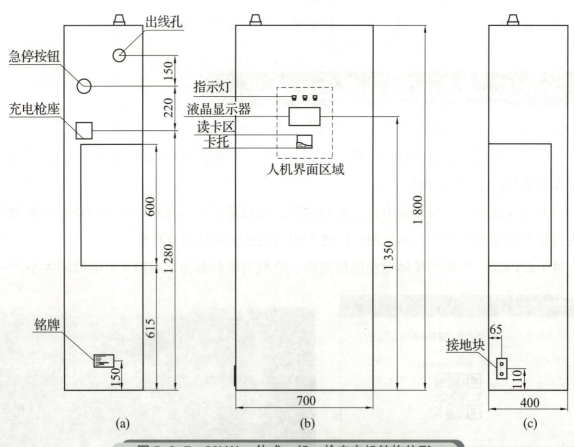

图 5-3-7　80kW 一体式一机一枪充电机结构外形
（a）右视图；（b）主视图（正面）；（c）左视图

2. 80kW 一体式一机一枪充电机结构布局

充电设备结构布局按照功能区划分，充分考虑安装方便、布线美观、维护快捷等因素，做到强弱电分离，工作安全可靠。80kW 一体式一机一枪充电机结构布局如图 5-3-8 所示。

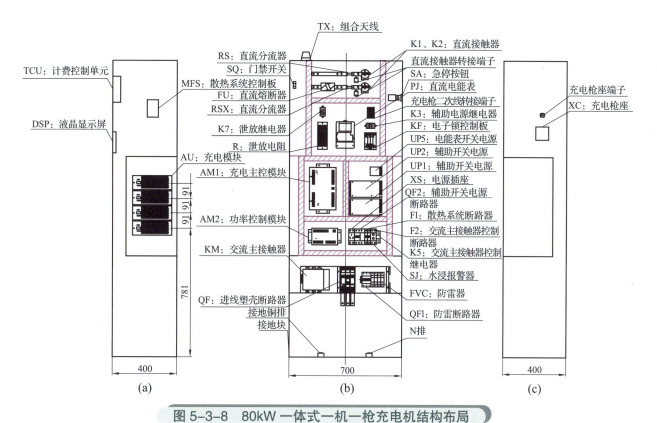

图 5-3-8　80kW 一体式一机一枪充电机结构布局
（a）右视图；（b）主视图（正面）；（c）左视图（内侧）

参考文献

[1] 周志敏,纪爱华. 电动汽车充电桩安装调试与运行维护[M]. 北京:化学工业出版社,2019.

[2] 陈兆伟,郭婷,崔万田. 电动汽车充电站建设·运营·管理·维护[M]. 北京:化学工业出版社,2020.

[3] 国网河南省电力公司新乡供电公司. 电动汽车充电桩的设计与运营[M]. 北京:原子能出版社,2020.

[4] 孙波,孙佳佳. 电动汽车充电桩[M]. 上海:上海财经大学出版社,2018.

[5] 张立强,李练兵. 电动汽车充电技术[M]. 天津:天津大学出版社,2019.

[6] 王震坡,张雷,刘鹏,等. 电动汽车充电技术及基础设施建设[M]. 北京:机械工业出版社,2018.

目 录

学习情境 1　充（换）电站的认知 … 1
　　学习任务 1　认知充电站 … 1
　　学习任务 2　认知换电站 … 5
　　学习任务 3　充电站的运营与管理 … 7
　　学习任务 4　充电站的紧急应对措施 … 10

学习情境 2　交流充电桩的运行与维护 … 13
　　学习任务 1　认知交流充电桩 … 13
　　学习任务 2　认知交流充电桩控制逻辑 … 17
　　学习任务 3　交流充电桩的运行与维护 … 21

学习情境 3　直流充电桩的运行与维护 … 25
　　学习任务 1　认知直流充电桩 … 25
　　学习任务 2　认知直流充电桩控制逻辑 … 28
　　学习任务 3　直流充电桩的运行与维护 … 31

学习情境 4　充电桩的安装与检测 … 34
　　学习任务 1　认知充电桩的安装工具 … 34
　　学习任务 2　充电桩安装工程施工技术的识读 … 38
　　学习任务 3　充电桩的测试 … 40

学习情境 5　充电桩（站）常见故障的检修 … 45
　　学习任务 1　检修充电桩不能充电的故障 … 45
　　学习任务 2　检修充电桩通信系统的故障 … 48
　　学习任务 3　检修充电桩管理系统的故障 … 51

学习情境 1　充（换）电站的认知

学习任务 1　认知充电站

【技能目标】
1. 能够结合实物描述某款电动汽车的类型。
2. 能够结合实物分辨出直流充电桩和交流充电桩。

【素养目标】
1. 能够在工作过程中与小组其他成员合作、交流，养成团队合作意识，锻炼沟通能力。
2. 养成 7S 的工作习惯。
3. 养成服务从管理，规范作业的良好工作习惯。

【任务描述】
　　某客户驾驶一辆吉利帝豪 EV450 轿车到你所工作的充电站充电，作为充电站的运维人员，你需要帮助客户正确快速地完成充电操作。你能完成任务吗？

【任务分析】
　　作为专业人员，你应该掌握电动汽车的分类、电动汽车的续航里程和如何充电等方面的知识，能够结合实物描述某款电动汽车的类型，以及结合实物分辨出直流充电桩和交流充电桩。

【任务实施】
1. 结合所学内容，填写表 1-1-1 中电动汽车的分类和特点。

表 1-1-1　电动汽车的分类和特点

序号	电动汽车	分类	特点
1			
2			

续表

序号	电动汽车	分类	特点
3			
4			
5			
6			

2. 结合所学内容，填写 1-1-2 中电动汽车充电方式的分类和特点。

表 1-1-2　电动汽车充电方式的分类和特点

序号	电动汽车充电方式	分类	特点
1			

续表

序号	电动汽车充电方式	分类	特点
2			
3			
4			
5			

3. 写出电动汽车充电站布局选址的六条原则。

【任务评价】

根据表1-1-3对本任务实施过程进行评价。

表1-1-3 任务评价表

序号	检查项目	自我评价	小组评价	教师评价	备注
1	遵守安全操作规范（10分）				
2	态度端正，工作认真，按步骤操作（10分）				
3	任务1（10分）				
4	任务2（10分）				
5	任务3（20分）				
6	遵守纪律（10分）				
7	做好7S管理工作（10分）				
8	完成本工作任务单的全部内容（20分）				
	合计				
	总分				

【学习总结】

1. 请写出学习过程中的收获和遇到的问题。

2. 请对自己的作品进行评价并填写表1-1-4。

表1-1-4 项目过程考核评价表

班级		任务名称	
姓名		教师	
学期		评分日期	

评分内容（满分100分）		学生自评	组员互评	教师评价
专业技能（60分）	任务完成进度（10分）			
	对理论知识的掌握程度（20分）			
	理论知识的应用能力（20分）			
	改进能力（10分）			
综合素养（40分）	按时打卡（10分）			
	信息获取的途径（10分）			
	按时完成学习及工作任务（10分）			
	团队合作精神（10分）			
总分				
综合得分（学生自评10%，组员互评10%，教师评价80%）				
学生签名：		教师签名：		

学习任务 2　认知换电站

【技能目标】
1. 能够结合实物描述某换电站的结构。
2. 能够结合实物分辨出换电站的类型。

【素养目标】
1. 能够在工作过程中与小组其他成员合作、交流，养成团队合作意识，锻炼沟通能力。
2. 养成 7S 的工作习惯。
3. 养成服务从管理，规范作业的良好工作习惯。

【任务描述】
某客户驾驶一款具有换电功能的新能源汽车到换电站进行换电，作为换电站的运维人员，你需要帮助客户正确完成换电操作。你能完成任务吗？

【任务分析】
作为专业人员，你应该掌握换电站的基本结构、换电站的功能组成和换电站换电的工作流程等方面的知识，能够结合实物描述某换电站的结构，并分辨出换电站的类型。

【任务实施】
1. 结合所学内容，填写表 1-2-1 中换电模式的名称和特点。

表 1-2-1　换电模式的名称和特点

序号	换电模式	名称	特点
1			
2			

2. 结合所学内容，填写表1-2-2中换电站的名称和特点。

表1-2-2　换电站的名称和特点

序号	换电站	名称	特点
1			
2			

3. 写出换电站换电系统的五条要求。

【任务评价】

根据表1-2-3对本任务实施过程进行评价。

表1-2-3　任务评价表

序号	检查项目	自我评价	小组评价	教师评价	备注
1	遵守安全操作规范（10分）				
2	态度端正，工作认真，按步骤操作（10分）				
3	任务1（10分）				
4	任务2（10分）				
5	任务3（20分）				
6	遵守纪律（10分）				
7	做好7S管理工作（10分）				
8	完成本工作任务单的全部内容（20分）				
	合计				
	总分				

【学习总结】

1. 请写出学习过程中的收获和遇到的问题。

2. 请对自己的作品进行评价并填写表1-2-4。

表1-2-4 项目过程考核评价表

班 级		任务名称	
姓 名		教 师	
学 期		评分日期	

	评分内容（满分100分）	学生自评	组员互评	教师评价
专业技能 （60分）	任务完成进度（10分）			
	对理论知识的掌握程度（20分）			
	理论知识的应用能力（20分）			
	改进能力（10分）			
综合素养 （40分）	按时打卡（10分）			
	信息获取的途径（10分）			
	按时完成学习及工作任务（10分）			
	团队合作精神（10分）			
总分				
综合得分 （学生自评10%，组员互评10%，教师评价80%）				
学生签名：		教师签名：		

学习任务3 充电站的运营与管理

【技能目标】

1. 能够结合实物描述充电桩人员岗位技能要求。
2. 能够结合实物对充电站进行基础管理。

【素养目标】

1. 能够在工作过程中与小组其他成员合作、交流，养成团队合作意识，锻炼沟通能力。
2. 养成 7S 的工作习惯。
3. 养成服务从管理，规范作业的良好工作习惯。

【任务描述】

作为充电站的运维人员，领导安排你对充电站的设备和安全进行检查。你能完成任务吗？

【任务分析】

作为充电站的运维人员，你应该掌握充电站的运营与管理人员一般要求、充电站运营与管理人员岗位技能要求和充电站设备管理等方面的知识，能够结合实物描述充电桩人员岗位技能要求，并对充电站进行基础管理。

【任务实施】

1. 结合所学内容，写出表 1-3-1 中消防安全标志的名称和作用。

表 1-3-1 消防安全标志的名称和作用

序号	消防安全标志	名称	作用
1			
2			
3			

续表

序号	消防安全标志	名称	作用
4			
5			

2.根据所学,写出三种以不同参与主体为主导的充电站商业运营模式并进行分析。

【任务评价】

根据表1-3-2对本任务实施过程进行评价。

表1-3-2 任务评价表

序号	检查项目	自我评价	小组评价	教师评价	备注
1	遵守安全操作规范（10分）				
2	态度端正，工作认真，按步骤操作（10分）				
3	任务1（10分）				
4	任务2（10分）				
5	任务3（20分）				
6	遵守纪律（10分）				
7	做好7S管理工作（10分）				
8	完成本工作任务单的全部内容（20分）				
	合计				
	总分				

【学习总结】

1. 请写出学习过程中的收获和遇到的问题。

2. 请对自己的作品进行评价并填写表1-3-3。

表1-3-3 项目过程考核评价表

班　　级		任务名称			
姓　　名		教　　师			
学　　期		评分日期			
评分内容（满分100分）		学生自评	组员互评	教师评价	
专业技能（60分）	任务完成进度（10分）				
	对理论知识的掌握程度（20分）				
	理论知识的应用能力（20分）				
	改进能力（10分）				
综合素养（40分）	按时打卡（10分）				
	信息获取的途径（10分）				
	按时完成学习及工作任务（10分）				
	团队合作精神（10分）				
总分					
综合得分（学生自评10%，组员互评10%，教师评价80%）					
学生签名：		教师签名：			

学习任务4 充电站的紧急应对措施

【技能目标】

1. 能够结合实物描述充电站的消防安全隐患。
2. 能够在充电站发生火灾时进行合理处置。

【素养目标】

1. 能够在工作过程中与小组其他成员合作、交流，养成团队合作意识，锻炼沟通能力。

2. 养成 7S 的工作习惯。
3. 养成服务从管理，规范作业的良好工作习惯。

【任务描述】

某天你所在的充电站突然发生火灾，作为充电站运维人员，你需要对突发的火灾进行快速处置。你能完成任务吗？

【任务分析】

作为专业人员，你应该掌握充电站火灾风险、充电站消防安全存在的问题和充电站火灾预防措施等方面的知识，能够结合实物描述充电站的消防安全隐患，并在充电站发生火灾时进行合理处置。

【任务实施】

1. 结合所学内容，写出电动汽车充电站消防安全存在的问题。

2. 结合所学内容，写出充电站火灾的预防措施。

3. 根据所学，写出当你工作的充电站发生火灾时应如何进行应急处置。

【任务评价】

根据表 1-4-1 对本任务实施过程进行评价。

表 1-4-1　任务评价表

序号	检查项目	自我评价	小组评价	教师评价	备注
1	遵守安全操作规范（10分）				
2	态度端正，工作认真，按步骤操作（10分）				
3	任务1（10分）				
4	任务2（10分）				
5	任务3（20分）				

续表

序号	检查项目	自我评价	小组评价	教师评价	备注
6	遵守纪律（10分）				
7	做好7S管理工作（10分）				
8	完成本工作任务单的全部内容（20分）				
	合计				
	总分				

【学习总结】

1. 请写出学习过程中的收获和遇到的问题。

2. 请对自己的作品进行评价并填写表1-4-2。

表1-4-2 项目过程考核评价表

班 级		任务名称	
姓 名		教 师	
学 期		评分日期	

评分内容（满分100分）		学生自评	组员互评	教师评价
专业技能（60分）	任务完成进度（10分）			
	对理论知识的掌握程度（20分）			
	理论知识的应用能力（20分）			
	改进能力（10分）			
综合素养（40分）	按时打卡（10分）			
	信息获取的途径（10分）			
	按时完成学习及工作任务（10分）			
	团队合作精神（10分）			
总分				
综合得分（学生自评10%，组员互评10%，教师评价80%）				
学生签名：		教师签名：		

学习情境2　交流充电桩的运行与维护

学习任务1　认知交流充电桩

【技能目标】

1. 能够结合实物描述交流充电桩的结构。
2. 能够结合实物分辨交流充电接口各触头的作用。

【素养目标】

1. 能够在工作过程中与小组其他成员合作、交流,养成团队合作意识,锻炼沟通能力。
2. 养成7S的工作习惯。
3. 养成服务从管理,规范作业的良好工作习惯。

【任务描述】

某客户新买了一辆吉利帝豪EV450轿车,想在家里安装一台交流充电站,但客户对交流充电站的相关知识一无所知,作为专业人员,你需要对客户进行讲解。你能完成任务吗?

【任务分析】

作为专业人员,你应该掌握交流充电桩的结构、交流充电接口各触头的作用和连接枪结构要求等方面的知识,能够结合实物描述交流充电桩的结构,并分辨出交流充电接口各触头的作用。

【任务实施】

1. 结合所学内容,写出表2-1-1中交流充电桩的分类和特点。

表2-1-1　交流充电桩的分类和特点

序号	交流充电桩	分类	特点
1			

续表

序号	交流充电桩	分类	特点
2	显示屏、指示灯、按键面板、刷卡区、充电急停按钮、三相插孔区、开关按钮		

2. 填写表 2-1-2 中交流充电桩五个组成部分的名称和作用。

表 2-1-2　交流充电桩五个组成部分的名称和作用

序号	组成部分	名称	作用
1	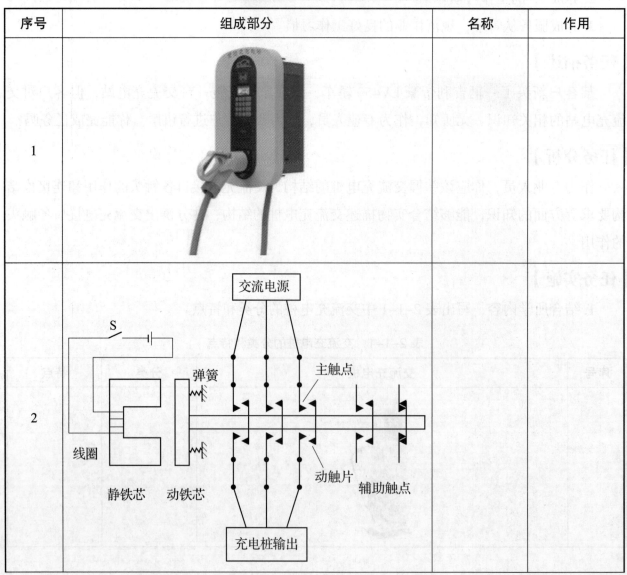		
2	交流电源、主触点、动触片、辅助触点、弹簧、线圈、静铁芯、动铁芯、充电桩输出		

续表

序号	组成部分	名称	作用
3	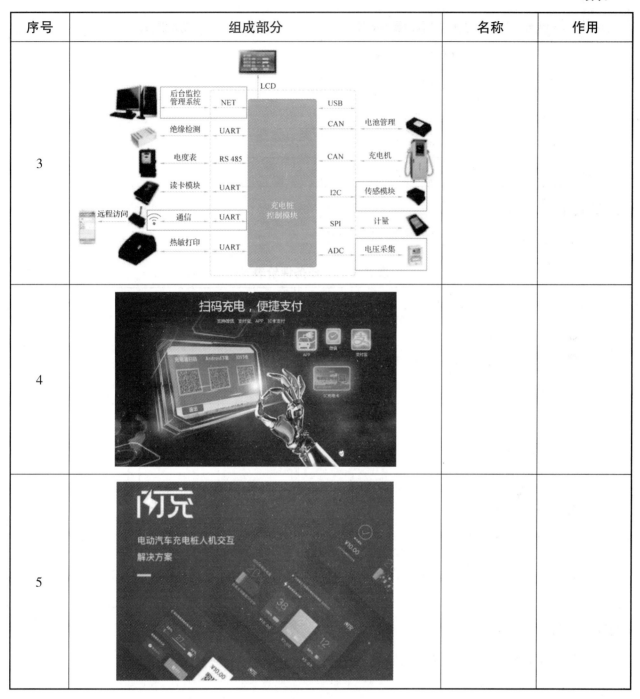		
4			
5			

3. 根据所学，填写表 2-1-3 中各触头的功能定义。

表 2-1-3　各触头的功能定义

触头编号/标志	额定电压和额定电流	功能定义
1—（L1）	250V 10A/16A/32A	
	440V 16A/32A/63A	
2—（L2）	440V 16A/32A/63A	
3—（L3）	440V 16A/32A/63A	

续表

触头编号/标志	额定电压和额定电流	功能定义
4—（N）	250V 10A/16A/32A	
	440V 16A/32A/63A	
5—（PE）	—	
6—（CC）	0~30V 2A	
7—（CP）	0~30V 2A	

【任务评价】

根据表2-1-4对本任务实施过程进行评价。

表2-1-4 任务评价表

序号	检查项目	自我评价	小组评价	教师评价	备注
1	遵守安全操作规范（10分）				
2	态度端正，工作认真，按步骤操作（10分）				
3	任务1（10分）				
4	任务2（10分）				
5	任务3（20分）				
6	遵守纪律（10分）				
7	做好7S管理工作（10分）				
8	完成本工作任务单的全部内容（20分）				
	合计				
	总分				

【学习总结】

1. 请写出学习过程中的收获和遇到的问题。

2. 请对自己的作品进行评价并填写表 2-1-5。

表 2-1-5 项目过程考核评价表

班 级		任务名称				
姓 名		教 师				
学 期		评分日期				
评分内容（满分 100 分）				学生自评	组员互评	教师评价
专业技能 （60 分）	任务完成进度（10 分）					
	对理论知识的掌握程度（20 分）					
	理论知识的应用能力（20 分）					
	改进能力（10 分）					
综合素养 （40 分）	按时打卡（10 分）					
	信息获取的途径（10 分）					
	按时完成学习及工作任务（10 分）					
	团队合作精神（10 分）					
总分						
综合得分 （学生自评 10%，组员互评 10%，教师评价 80%）						
学生签名：				教师签名：		

学习任务 2　认知交流充电桩控制逻辑

【技能目标】

1. 能够结合实物分析并绘制交流充电桩控制引导电路。
2. 能够正确使用交流充电桩对新能源汽车充电。

【素养目标】

1. 能够在工作过程中与小组其他成员合作、交流，养成团队合作意识，锻炼沟通能力。
2. 养成 7S 的工作习惯。
3. 养成服务从管理，规范作业的良好工作习惯。

【任务描述】

某客户新买了一辆吉利帝豪 EV450 轿车，想了解交流充电桩是如何充电的，作为专业人员，你需要对客户进行讲解。你能完成任务吗？

【任务分析】

作为专业人员，你应该掌握交流充电桩充电控制流程、交流充电桩电气系统原理和交流充电桩控制引导电路等方面的知识，能够结合实物分析并绘制交流充电桩控制引导电路，以及正确使用交流充电桩对新能源汽车充电。

【任务实施】

1. 结合所学内容和图 2-2-1，分析交流充电桩的电气原理。

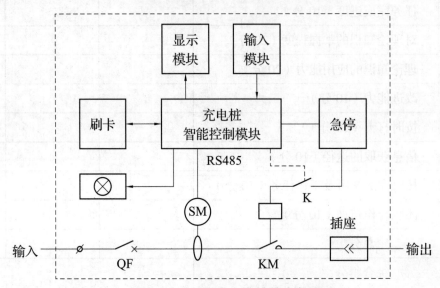

图 2-2-1　交流充电桩的电气原理

2. 结合所学内容和图 2-2-2，分析交流充电桩的控制引导电路。

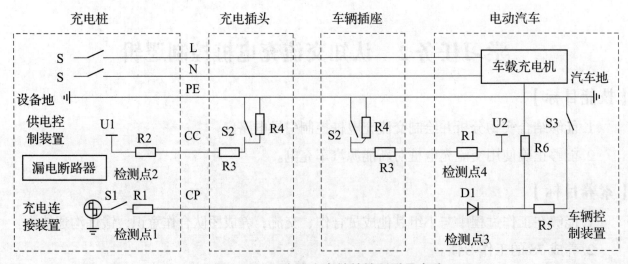

图 2-2-2　交流充电桩的控制引导电路

3. 填写表 2-2-1 中交流充电桩充电各步骤对应的名称和注意事项。

表 2-2-1　交流充电桩充电各步骤对应的名称和注意事项

序号	充电步骤	名称	注意事项
1	欢迎使用 国家电网 电动车充电系统（充电界面）		
2	输入密码界面		
3	请在感应区刷卡…		
4	卡内余额／冻结金额界面		
5	A 线路空闲　B 线路空闲		
6	按金额充／按电量充／自动充电		

续表

序号	充电步骤	名称	注意事项
7	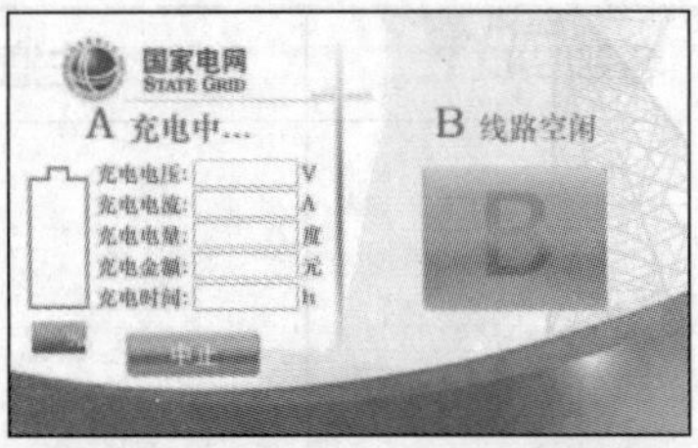		
8			

【任务评价】

根据表 2-2-2 对本任务实施过程进行评价。

表 2-2-2　任务评价表

序号	检查项目	自我评价	小组评价	教师评价	备注
1	遵守安全操作规范（10分）				
2	态度端正，工作认真，按步骤操作（10分）				
3	任务1（10分）				
4	任务2（10分）				
5	任务3（20分）				
6	遵守纪律（10分）				
7	做好7S管理工作（10分）				
8	完成本工作任务单的全部内容（20分）				
	合计				
	总分				

【学习总结】

1.请写出学习过程中的收获和遇到的问题。

2.请对自己的作品进行评价并填写表2-2-3。

表2-2-3 项目过程考核评价表

班级		任务名称	
姓名		教师	
学期		评分日期	

评分内容（满分100分）		学生自评	组员互评	教师评价
专业技能（60分）	任务完成进度（10分）			
	对理论知识的掌握程度（20分）			
	理论知识的应用能力（20分）			
	改进能力（10分）			
综合素养（40分）	按时打卡（10分）			
	信息获取的途径（10分）			
	按时完成学习及工作任务（10分）			
	团队合作精神（10分）			
总分				
综合得分（学生自评10%，组员互评10%，教师评价80%）				
学生签名：		教师签名：		

学习任务3 交流充电桩的运行与维护

【技能目标】

1.能够对交流充电桩进行定期巡检。
2.能够对交流充电桩进行日常维护。

【素养目标】

1.能够在工作过程中与小组其他成员合作、交流，养成团队合作意识，锻炼沟通能力。
2.养成7S的工作习惯。
3.养成服务从管理，规范作业的良好工作习惯。

【任务描述】

作为充电桩的运营维护人员，领导安排你对交流充电桩进行日维护。你能完成任务吗？

【任务分析】

作为专业人员，你应该掌握运维岗位参考组织架构、运行维护组参考岗位职责和服务管理组参考岗位职责等方面的知识，能够对交流充电桩进行定期巡检，能够对交流充电桩进行日常维护。

【任务实施】

1. 结合所学内容和图 2-3-1，写出运行维护组和服务管理组的岗位职责。

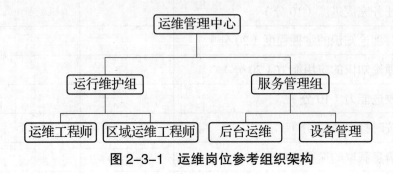

图 2-3-1　运维岗位参考组织架构

2. 结合所学内容和图 2-3-2，分析故障处理流程和内容。

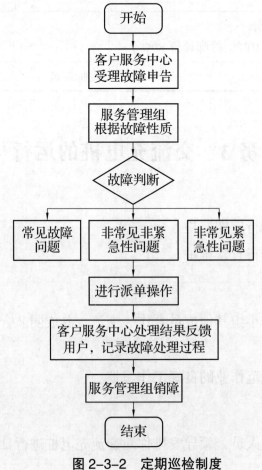

图 2-3-2　定期巡检制度

3. 根据不同项目的维护周期，在表2-3-1中相应位置打"√"。

表2-3-1 交流充电桩硬件设施维护周期

序号	分项	维护内容	维护周期		
			月度	季度	年度
1	常规检查	检查充电设备警示和指示标志，确保无损坏、无丢失			
		检查充电设备外壳，确保无划伤、无磕碰			
		检查充电设备门锁，确保无丢失、开启锁闭性能良好			
		检查充电设备防护情况，确保门板无缝隙、密封条无损坏、内部无漏水			
		检查充电设备充电枪，确保充电枪头无损坏，电缆无划伤、缠绕			
		检查充电设备内部情况，确保无杂物、垃圾，穿线孔封堵完好			
2	卫生清理	清洁充电设备卫生，确保设备表面无灰尘、污渍、锈蚀和涂抹			
		清理充电设备防尘网，确保防尘网无灰尘、无阻塞			
		清理充电设备内部灰尘，确保内部电气、电子元器件表面无异物、灰尘			
3	性能检查	检查充电设备进线开关性能，确保可以正常分断和闭合			
		断电后，检查充电设备内线缆有无烧痕、绝缘损伤，确保线缆性能及安全			
		断电后，检查充电设备内接线情况，确保一、二次线路无松动、无虚接、无断路			
		设备上电，检查充电设备散热风机，确保其运行正常			
		设备上电，检查仪表、指示灯等显示情况，确保显示准确，无故障报警			
		设备上电，检查充电设备电源电压，确保供电稳定			
		设备上电，检查充电设备内照明情况，确保照明正常			
		设备上电，检查充电设备急停性能，确保其机械和电气性能正常，并保证其处于抬起状态			
		设备上电，检查设备充电性能，确保充电开始、结束正常，电子锁锁闭、解锁正常，充电过程中各类参数显示正常			

【任务评价】

根据表2-3-2对本任务实施过程进行评价。

表2-3-2 任务评价表

序号	检查项目	自我评价	小组评价	教师评价	备注
1	遵守安全操作规范（10分）				
2	态度端正，工作认真，按步骤操作（10分）				
3	任务1（10分）				

续表

序号	检查项目	自我评价	小组评价	教师评价	备注
4	任务2（10分）				
5	任务3（20分）				
6	遵守纪律（10分）				
7	做好7S管理工作（10分）				
8	完成本工作任务单的全部内容（20分）				
	合计				
	总分				

【学习总结】

1. 请写出学习过程中的收获和遇到的问题。

2. 请对自己的作品进行评价并填写表2-3-3。

表2-3-3 项目过程考核评价表

班　级		任务名称			
姓　名		教　师			
学　期		评分日期			
评分内容（满分100分）		学生自评		组员互评	教师评价
专业技能（60分）	任务完成进度（10分）				
	对理论知识的掌握程度（20分）				
	理论知识的应用能力（20分）				
	改进能力（10分）				
综合素养（40分）	按时打卡（10分）				
	信息获取的途径（10分）				
	按时完成学习及工作任务（10分）				
	团队合作精神（10分）				
总分					
综合得分（学生自评10%，组员互评10%，教师评价80%）					
学生签名：			教师签名：		

学习情境 3　直流充电桩的运行与维护

学习任务 1　认知直流充电桩

【技能目标】

1. 能够结合实物描述直流充电桩的结构。
2. 能够结合实物分辨出直流充电接口各触头的作用。

【素养目标】

1. 能够在工作过程中与小组其他成员合作、交流，养成团队合作意识，锻炼沟通能力。
2. 养成 7S 的工作习惯。
3. 养成服务从管理，规范作业的良好工作习惯。

【任务描述】

某客户新买了一辆吉利帝豪 EV450 轿车，第一次到充电站的直流充电桩充电，客户对直流充电站的相关知识一无所知，作为专业人员，你需要对客户进行讲解。你能完成任务吗？

【任务分析】

作为专业人员，你应该掌握直流充电桩的结构、直流充电接口各触头的作用等方面的知识，能够结合实物描述直流充电桩的结构，以及结合实物分辨出直流充电接口各触头的作用。

【任务实施】

1. 结合所学内容，在图 3-1-1 的方框内填写相应部件名称。

图 3-1-1　直流充电桩

2.结合所学内容,在图 3-1-2 的方框内填写相应的部件名称。

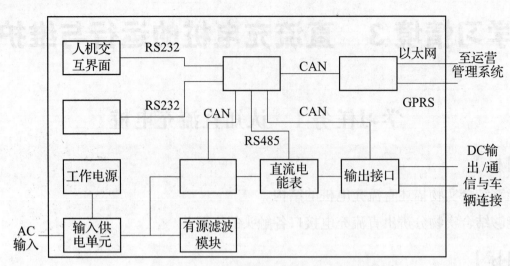

图 3-1-2 直流充电桩的系统结构组成

3.结合图 3-1-3 简述直流充电桩的充电过程。

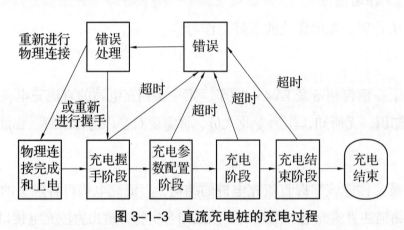

图 3-1-3 直流充电桩的充电过程

【任务评价】

根据表 3-1-1 对本任务实施过程进行评价。

表 3-1-1 任务评价表

序号	检查项目	自我评价	小组评价	教师评价	备注
1	遵守安全操作规范(10分)				
2	态度端正,工作认真,按步骤操作(10分)				
3	任务1(10分)				
4	任务2(10分)				
5	任务3(20分)				
6	遵守纪律(10分)				

续表

序号	检查项目	自我评价	小组评价	教师评价	备注
7	做好 7S 管理工作（10分）				
8	完成本工作任务单的全部内容（20分）				
	合计				
	总分				

【学习总结】

1. 请写出学习过程中的收获和遇到的问题。

2. 请对自己的作品进行评价并填写表3-1-2。

表 3-1-2 项目过程考核评价表

班 级		任务名称			
姓 名		教 师			
学 期		评分日期			
\multicolumn{2}{l	}{评分内容（满分100分）}	学生自评	组员互评	教师评价	
专业技能（60分）	任务完成进度（10分）				
	对理论知识的掌握程度（20分）				
	理论知识的应用能力（20分）				
	改进能力（10分）				
综合素养（40分）	按时打卡（10分）				
	信息获取的途径（10分）				
	按时完成学习及工作任务（10分）				
	团队合作精神（10分）				
\multicolumn{2}{l	}{总分}				
\multicolumn{2}{l	}{综合得分（学生自评10%，组员互评10%，教师评价80%）}				
学生签名：		教师签名：			

学习任务2 认知直流充电桩控制逻辑

【技能目标】
1. 能够结合实物分析并绘制直流充电桩控制引导电路。
2. 能够正确使用直流充电桩对新能源汽车充电。

【素养目标】
1. 能够在工作过程中与小组其他成员合作、交流，养成团队合作意识，锻炼沟通能力。
2. 养成7S的工作习惯。
3. 养成服务从管理，规范作业的良好工作习惯。

【任务描述】
某客户新买了一辆吉利帝豪EV450轿车，想了解直流充电桩是如何充电的，作为专业人员，你需要对客户进行讲解。你能完成任务吗？

【任务分析】
作为专业人员，你应该掌握直流充电桩充电控制流程、直流充电桩电气系统原理和直流充电桩控制引导电路等方面的知识，能够结合实物分析并绘制直流充电桩控制引导电路，以及描述直流智能充电桩操作流程。

【任务实施】
1. 结合所学内容，在图3-2-1的方框内填写相应部件名称。

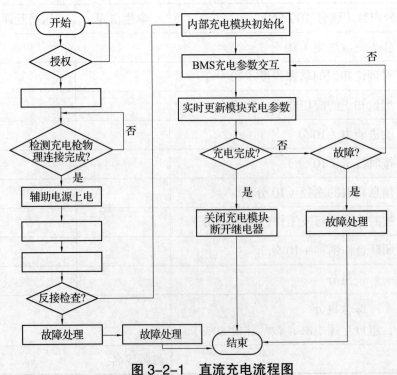

图3-2-1 直流充电流程图

2.结合所学内容,解释"充电结束"的三大类原因,补全表3-2-1。

表 3-2-1 "充电结束"的三大类原因

序号	原因	解释
1	人为因素	
2	充电桩出现故障	
3	BMS 发终止信息	

3.结合图3-2-2分析直流充电桩充电控制过程。

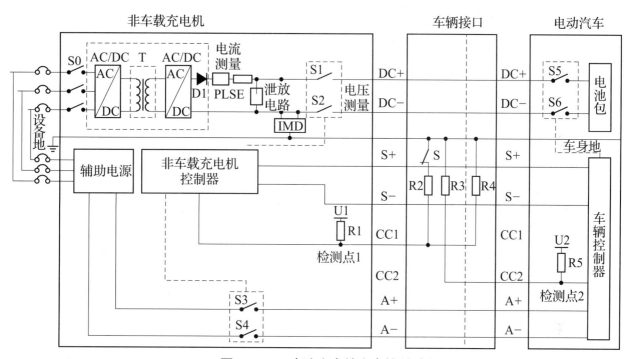

图 3-2-2 直流充电桩充电控制过程

【任务评价】

根据表3-2-2对本任务实施过程进行评价。

表 3-2-2 任务评价表

序号	检查项目	自我评价	小组评价	教师评价	备注
1	遵守安全操作规范(10分)				
2	态度端正,工作认真,按步骤操作(10分)				
3	任务1(10分)				
4	任务2(10分)				
5	任务3(20分)				
6	遵守纪律(10分)				

续表

序号	检查项目	自我评价	小组评价	教师评价	备注
7	做好7S管理工作（10分）				
8	完成本工作任务单的全部内容（20分）				
	合计				
	总分				

【学习总结】

1. 请写出学习过程中的收获和遇到的问题。

2. 请对自己的作品进行评价并填写表3-2-3。

表3-2-3 项目过程考核评价表

班 级		任务名称			
姓 名		教 师			
学 期		评分日期			
\multicolumn{2}{c	}{评分内容（满分100分）}		学生自评	组员互评	教师评价
专业技能（60分）	任务完成进度（10分）				
	对理论知识的掌握程度（20分）				
	理论知识的应用能力（20分）				
	改进能力（10分）				
综合素养（40分）	按时打卡（10分）				
	信息获取的途径（10分）				
	按时完成学习及工作任务（10分）				
	团队合作精神（10分）				
\multicolumn{2}{c	}{总分}				
\multicolumn{2}{c	}{综合得分（学生自评10%，组员互评10%，教师评价80%）}				
学生签名：			教师签名：		

学习任务 3　直流充电桩的运行与维护

【技能目标】

1. 能够对直流充电桩进行急停操作。
2. 能够对直流充电桩进行例行维护。

【素养目标】

1. 能够在工作过程中与小组其他成员合作、交流，养成团队合作意识，锻炼沟通能力。
2. 养成 7S 的工作习惯。
3. 养成服务从管理，规范作业的良好工作习惯。

【任务描述】

作为充电桩的运营维护人员，领导安排你对直流充电桩进行日维护。你能完成任务吗？

【任务分析】

作为专业人员，你应该掌握直流充电桩产品使用安全警告、直流充电桩安全使用和急停开关使用说明等方面的知识，能够对直流充电桩进行急停操作，并对直流充电桩进行例行维护。

【任务实施】

1. 结合所学内容，写出急停开关的使用说明。

2. 结合所学内容，在表 3-3-1 中填入相应的维护周期。

表 3-3-1　维护项目和维护周期

维护项目	维护周期
定期清洁：清洁机箱内部的散热器及风道口等	
定期检查各线缆及连接：检查所有的电缆连接是否松动，如有松动，必须进行紧固；检查连接端子和绝缘是否有变色或脱落，对损坏或腐蚀的端子进行更换，对破损电缆进线更换	
检查粘贴的警告标签是否牢固或清晰，必要时进行相应更换	

续表

维护项目	维护周期
定期检查各风扇的功能：检查风机是否存在异常噪声，风扇是否存在裂痕，是否运行无振动、转动平稳	
定期检查各开关的功能：检查线路中的开关、接触器等开关器件的功能，查看是否存在损坏或者金属锈蚀	
定期检查急停功能：查看急停开关是否正常	
定期检查充电机：查看充电机运行过程中是否存在异响	

3. 写出直流充电桩使用需注意的三大类安全隐患。

【任务评价】

根据表 3-3-2 对本任务实施过程进行评价。

表 3-3-2 任务评价表

序号	检查项目	自我评价	小组评价	教师评价	备注
1	遵守安全操作规范（10分）				
2	态度端正，工作认真，按步骤操作（10分）				
3	任务1（10分）				
4	任务2（10分）				
5	任务3（20分）				
6	遵守纪律（10分）				
7	做好7S管理工作（10分）				
8	完成本工作任务单的全部内容（20分）				
	合计				
	总分				

【学习总结】

1. 请写出学习过程中的收获和遇到的问题。

2. 请对自己的作品进行评价并填写表 3-3-3。

表 3-3-3 项目过程考核评价表

班　级		任务名称			
姓　名		教　师			
学　期		评分日期			
评分内容（满分 100 分）		学生自评	组员互评	教师评价	
专业技能（60分）	任务完成进度（10分）				
	对理论知识的掌握程度（20分）				
	理论知识的应用能力（20分）				
	改进能力（10分）				
综合素养（40分）	按时打卡（10分）				
	信息获取的途径（10分）				
	按时完成学习及工作任务（10分）				
	团队合作精神（10分）				
总分					
综合得分（学生自评10%，组员互评10%，教师评价80%）					
学生签名:			教师签名:		

学习情境 4　充电桩的安装与检测

学习任务 1　认知充电桩的安装工具

【技能目标】

1. 能够正确并安全地使用冲击钻。
2. 能够正确并安全地使用电阻测试仪。

【素养目标】

1. 能够在工作过程中与小组其他成员合作、交流,养成团队合作意识,锻炼沟通能力。
2. 养成 7S 的工作习惯。
3. 养成服务从管理,规范作业的良好工作习惯。

【任务描述】

某客户新买了一辆吉利帝豪 EV450 轿车,需要在停车场安装一台家用充电桩,你作为充电桩安装人员接到任务前往安装,现在需要准备安装工具。你能完成任务吗?

【任务分析】

作为专业人员,你应该掌握冲击钻的正确使用方法、电锤的正确使用方法和万用表的基本使用方法等方面的知识,能够正确并安全地使用冲击钻和电阻测试仪。

【任务实施】

1. 结合所学内容,填写表 4-1-1 中工具的名称和使用方法。

表 4-1-1　工具的名称和使用方法

序号	工具	名称	使用方法
1			

续表

序号	工具	名称	使用方法
2			
3			
4			
5			
6			

2.结合所学内容,图 4-1-1 方框内填写相应部件名称。

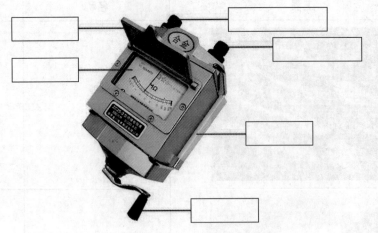

图 4-1-1　手摇式兆欧表

3.写出手电钻的安全操作规程。

【任务评价】

根据表 4-1-2 对本任务实施过程进行评价。

表 4-1-2　任务评价表

序号	检查项目	自我评价	小组评价	教师评价	备注
1	遵守安全操作规范(10分)				
2	态度端正,工作认真,按步骤操作(10分)				
3	任务1(10分)				
4	任务2(10分)				
5	任务3(20分)				
6	遵守纪律(10分)				
7	做好7S管理工作(10分)				
8	完成本工作任务单的全部内容(20分)				
	合计				
	总分				

【学习总结】

1. 请写出学习过程中的收获和遇到的问题。

2. 请对自己的作品进行评价并填写表 4-1-3。

表 4-1-3　项目过程考核评价表

班　级		任务名称			
姓　名		教　师			
学　期		评分日期			
评分内容（满分100分）			学生自评	组员互评	教师评价
专业技能 （60分）	任务完成进度（10分）				
	对理论知识的掌握程度（20分）				
	理论知识的应用能力（20分）				
	改进能力（10分）				
综合素养 （40分）	按时打卡（10分）				
	信息获取的途径（10分）				
	按时完成学习及工作任务（10分）				
	团队合作精神（10分）				
总分					
综合得分 （学生自评10%，组员互评10%，教师评价80%）					
学生签名：			教师签名：		

学习任务 2　充电桩安装工程施工技术的识读

【技能目标】

1. 能够对充电站的建设进行基础分析。
2. 能够正确安装充电桩。

【素养目标】

1. 能够在工作过程中与小组其他成员合作、交流，养成团队合作意识，锻炼沟通能力。
2. 养成 7S 的工作习惯。
3. 养成服务从管理，规范作业的良好工作习惯。

【任务描述】

某客户新买了一辆吉利帝豪 EV450 轿车，需要在停车场安装一台家用充电桩，你作为充电桩安装人员前往安装。你能完成任务吗？

【任务分析】

作为专业人员，你应该掌握配电线路及敷设要求、充电桩桩体安装步骤等方面的知识，能够对充电站的建设进行基础分析，并正确安装充电桩。

【任务实施】

1. 结合所学内容，在图 4-2-1 的方框内填写相应操作步骤。

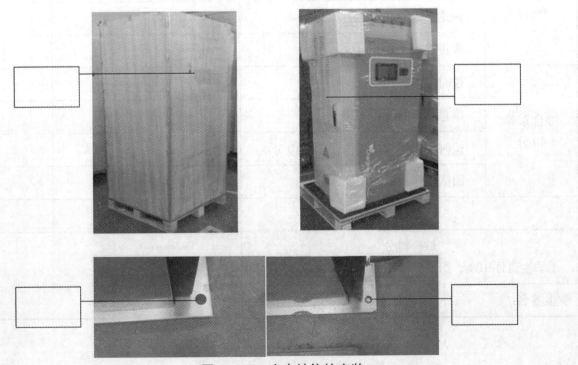

图 4-2-1　充电桩体的安装

2.结合所学内容,在图 4-2-2 的方框内填写相应操作步骤。

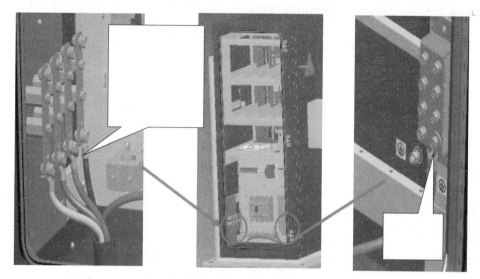

图 4-2-2　将预埋在桩体地基内的三相电缆接到桩体的输入端

3.写出充电桩安装方式要求。

【任务评价】

根据表 4-2-1 对本任务实施过程进行评价。

表 4-2-1　任务评价表

序号	检查项目	自我评价	小组评价	教师评价	备注
1	遵守安全操作规范(10分)				
2	态度端正,工作认真,按步骤操作(10分)				
3	任务1(10分)				
4	任务2(10分)				
5	任务3(20分)				
6	遵守纪律(10分)				
7	做好7S管理工作(10分)				
8	完成本工作任务单的全部内容(20分)				
	合计				
	总分				

【学习总结】

1.请写出学习过程中的收获和遇到的问题。

2.请对自己的作品进行评价并填写表 4-2-2。

表 4-2-2 项目过程考核评价表

班　级		任务名称			
姓　名		教　师			
学　期		评分日期			
评分内容（满分 100 分）		学生自评	组员互评	教师评价
专业技能（60 分）	任务完成进度（10 分）			
	对理论知识的掌握程度（20 分）			
	理论知识的应用能力（20 分）			
	改进能力（10 分）			
综合素养（40 分）	按时打卡（10 分）			
	信息获取的途径（10 分）			
	按时完成学习及工作任务（10 分）			
	团队合作精神（10 分）			
总分				
综合得分（学生自评 10%，组员互评 10%，教师评价 80%）				
学生签名：			教师签名：		

学习任务 3　充电桩的测试

【技能目标】

1.能够对充电桩进行一般检查。

2.能够对充电桩进行日常巡检维护。

【素养目标】

1. 能够在工作过程中与小组其他成员合作、交流，养成团队合作意识，锻炼沟通能力。
2. 养成 7S 的工作习惯。
3. 养成服务从管理，规范作业的良好工作习惯。

【任务描述】

某客户新买了一辆吉利帝豪 EV450 轿车，需要在停车场安装一台家用充电桩，你作为充电桩安装人员前往安装，安装前需要对充电桩进行测试。你能完成任务吗？

【任务分析】

作为专业人员，你应该掌握充电桩检验类别、直流充电桩试验项目和交流充电桩试验项目等方面的知识，能够对充电桩进行一般检查，并对充电桩进行日常巡检维护。

【任务实施】

1. 结合所学内容，补全表 4-3-1 中交流充电桩的试验项目，在空白处填入"√"。

表 4-3-1　交流充电桩的试验项目

序号	试验项目	定型式试验	出厂检验	到货验收
1	一般检查			
	外观检查			
	标志检查			
	基本构成检查			
	充电模式和连接方式检查			
2	功能试验			
	显示功能试验			
	输入功能试验			
	计量功能试验		—	—
	通信功能试验		—	—
3	安全要求试验			
	急停功能试验	√*	√*	√*
	带载分合电路试验	√	—	√*
	输出短路保护试验	√		√*
	漏电保护试验	√	—	√*
	输入过压保护试验		—	√*
	锁止装置功能试验			√*
	过温保护试验			√*
	连接器温度检测功能试验		—	√*
	PWM 功率调节功能试验		—	√*

续表

序号	试验项目	定型式试验	出厂检验	到货验收
4	电击防护试验			
	直接接触防护试验	√	—	√*
	带电部件外露断电试验	√*	√*	√*
	动力电源输入失电试验	√	√	
5	电气间隙和爬电距离试验	√	—	—
6	绝缘性能试验			
	绝缘电阻试验		√	
	介电强度试验		√	—
	冲击耐压试验			
7	接触电流试验			
8	允许表面温度试验		—	—
9	待机功耗试验		—	—
10	控制导引试验			
	充电控制状态试验	√	√	
	充电连接控制时序试验	√	√	
	控制导引电压限值试验	√	—	√*
	保护接地连续性试验	√		√*
	控制导引信号异常试验	√		√*
	断开开关S2再闭合试验	√		
	过流试验		—	
11	耐气候环境试验			
	防止固体异物进入试验			—
	防止水进入试验		—	
	防盐雾试验	√	—	—
	防锈（防氧化）试验	√	—	
	耐冲击强度试验	√		
12	环境试验			
	低温试验		—	—
	高温试验			—
	交变湿热试验			—
13	电磁兼容试验			
	抗扰度试验		—	—
	发射试验	√	—	—

注："√"表示必检项目；"√*"表示选检项目；"—"表示可不测项目。

2.结合所学内容,在图 4-3-1 的方框内填写相应部件名称。

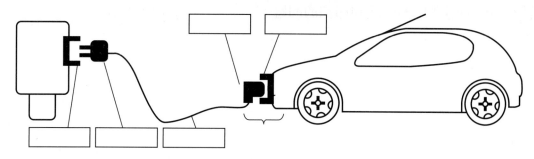

图 4-3-1 连接方式

3.结合所学内容,写出急停功能试验的三大步骤。

【任务评价】

根据表 4-3-2 对本任务实施过程进行评价。

表 4-3-2 任务评价表

序号	检查项目	自我评价	小组评价	教师评价	备注
1	遵守安全操作规范(10分)				
2	态度端正,工作认真,按步骤操作(10分)				
3	任务1(10分)				
4	任务2(10分)				
5	任务3(20分)				
6	遵守纪律(10分)				
7	做好7S管理工作(10分)				
8	完成本工作任务单的全部内容(20分)				
	合计				
	总分				

【学习总结】

1. 请写出学习过程中的收获和遇到的问题。

2. 请对自己的作品进行评价并填写表 4-3-3。

表 4-3-3　项目过程考核评价表

班　级		任务名称	
姓　名		教　师	
学　期		评分日期	

评分内容（满分100分）		学生自评	组员互评	教师评价
专业技能（60分）	任务完成进度（10分）			
	对理论知识的掌握程度（20分）			
	理论知识的应用能力（20分）			
	改进能力（10分）			
综合素养（40分）	按时打卡（10分）			
	信息获取的途径（10分）			
	按时完成学习及工作任务（10分）			
	团队合作精神（10分）			
总分				
综合得分（学生自评10%，组员互评10%，教师评价80%）				
学生签名：		教师签名：		

学习情境 5　充电桩（站）常见故障的检修

学习任务 1　检修充电桩不能充电的故障

【技能目标】

1. 能够对充电桩不能充电的故障进行分析。
2. 能够排除充电桩不能充电的故障。

【素养目标】

1. 能够在工作过程中与小组其他成员合作、交流，养成团队合作意识，锻炼沟通能力。
2. 养成 7S 的工作习惯。
3. 养成服务从管理，规范作业的良好工作习惯。

【任务描述】

某客户新买了一辆吉利帝豪 EV450 轿车，在充电站充电时，出现了充电桩不能充电的故障，作为充电站的运维人员，你需要对充电桩故障进行分析并排除。你能完成任务吗？

【任务分析】

作为专业人员，你应该掌握平台注册校验不成功故障原因、直流母线输出过电压告警故障原因和直流母线输出欠电压告警故障原因等方面的知识，能够对充电桩不能充电的故障进行分析，并排除充电桩不能充电的故障。

【任务实施】

1. 结合所学内容，填写表 5-1-1 中故障现象的常见原因。

表 5-1-1　故障现象及常见原因

序号	故障现象	常见原因
1	国家电网　　　　　　📶 14:56　　⚠ 很抱歉，设备故障！　资产码 3340190000000322　（二维码）　故障代码：7	

续表

序号	故障现象	常见原因
2	很抱歉，服务暂停 充电电量 0.03 kWh　充电费用 0.05 元　充电时间 00:00:27 故障代码：11　返还未消费金额	
3	很抱歉，服务暂停 充电电量 0.03 kWh　充电费用 0.05 元　充电时间 00:00:27 故障代码：12　返还未消费金额	

2. 结合所学内容，填写表 5-1-2 中故障现象的处理方法。

表 5-1-2　故障现象及处理方法

序号	故障现象	处理方法
1	很抱歉，设备故障！ 资产码　3340190000000322 故障代码：7	
2	很抱歉，服务暂停 充电电量 0.03 kWh　充电费用 0.05 元　充电时间 00:00:27 故障代码：11　返还未消费金额	
3	很抱歉，服务暂停 充电电量 0.03 kWh　充电费用 0.05 元　充电时间 00:00:27 故障代码：12　返还未消费金额	

3.写出充电桩不能充电的常见故障原因。

【任务评价】

根据表5-1-3对本任务实施过程进行评价。

表5-1-3 任务评价表

序号	检查项目	自我评价	小组评价	教师评价	备注
1	遵守安全操作规范（10分）				
2	态度端正，工作认真，按步骤操作（10分）				
3	任务1（10分）				
4	任务2（10分）				
5	任务3（20分）				
6	遵守纪律（10分）				
7	做好7S管理工作（10分）				
8	完成本工作任务单的全部内容（20分）				
	合计				
	总分				

【学习总结】

1.请写出学习过程中的收获和遇到的问题。

2. 请对自己的作品进行评价并填写表5-1-4。

表5-1-4 项目过程考核评价表

班级		任务名称	
姓名		教师	
学期		评分日期	
评分内容（满分100分）		学生自评	组员互评	教师评价
专业技能（60分）	任务完成进度（10分）			
	对理论知识的掌握程度（20分）			
	理论知识的应用能力（20分）			
	改进能力（10分）			
综合素养（40分）	按时打卡（10分）			
	信息获取的途径（10分）			
	按时完成学习及工作任务（10分）			
	团队合作精神（10分）			
总分				
综合得分（学生自评10%，组员互评10%，教师评价80%）				
学生签名：		教师签名：		

学习任务2 检修充电桩通信系统的故障

【技能目标】

1. 能够对充电桩通信系统的故障进行分析。
2. 能够排除充电桩通信系统的故障。

【素养目标】

1. 能够在工作过程中与小组其他成员合作、交流，养成团队合作意识，锻炼沟通能力。
2. 养成7S的工作习惯。
3. 养成服务从管理，规范作业的良好工作习惯。

【任务描述】

某客户新买了一辆吉利帝豪EV450轿车，在充电站充电时，出现了充电桩通信系统的故障，作为充电站的运维人员，你需要对充电桩故障进行分析并排除。你能完成任务吗？

【任务分析】

作为专业人员，你应该掌握直流充电桩 TCU 与充电控制器通信故障常见原因、直流充电桩读卡器通信故障常见原因和直流充电桩电能表通信故障常见原因等方面的知识，能够对充电桩通信系统的故障进行分析，并排除充电桩通信系统的故障。

【任务实施】

1. 结合所学内容，填写表 5-2-1 中故障现象的常见原因。

表 5-2-1　故障现象及常见原因

序号	故障现象	常见原因
1	 设备故障！故障代码：1	
2	 设备故障！故障代码：2	
3	 设备故障！故障代码：3	

2. 结合所学内容，填写表 5-2-2 中故障现象的处理方法。

表 5-2-2　故障现象及处理方法

序号	故障现象	处理方法
1	 设备故障！故障代码：1	

续表

序号	故障现象	处理方法
2	很抱歉，设备故障！ 资产码 3340190000000322 故障代码：2	
3	很抱歉，设备故障！ 资产码 3340190000000322 故障代码：3	

3. 写出充电桩通信系统的常见故障原因。

【任务评价】

根据表 5-2-3 对本任务实施过程进行评价。

表 5-2-3 任务评价表

序号	检查项目	自我评价	小组评价	教师评价	备注
1	遵守安全操作规范（10分）				
2	态度端正，工作认真，按步骤操作（10分）				
3	任务1（10分）				
4	任务2（10分）				
5	任务3（20分）				
6	遵守纪律（10分）				
7	做好7S管理工作（10分）				
8	完成本工作任务单的全部内容（20分）				
	合计				
	总分				

【学习总结】

1. 请写出学习过程中的收获和遇到的问题。

2. 请对自己的作品进行评价并填写表 5-2-4。

表 5-2-4 项目过程考核评价表

班　级		任务名称			
姓　名		教　师			
学　期		评分日期			
评分内容（满分 100 分）			学生自评	组员互评	教师评价
专业技能 （60 分）	任务完成进度（10 分）				
	对理论知识的掌握程度（20 分）				
	理论知识的应用能力（20 分）				
	改进能力（10 分）				
综合素养 （40 分）	按时打卡（10 分）				
	信息获取的途径（10 分）				
	按时完成学习及工作任务（10 分）				
	团队合作精神（10 分）				
总分					
综合得分 （学生自评 10%，组员互评 10%，教师评价 80%）					
学生签名：			教师签名：		

学习任务 3 检修充电桩管理系统的故障

【技能目标】

1. 能够对充电桩管理系统的故障进行分析。
2. 能够排除充电桩管理系统的故障。

【素养目标】

1. 能够在工作过程中与小组其他成员合作、交流,养成团队合作意识,锻炼沟通能力。
2. 养成 7S 的工作习惯。
3. 养成服务从管理,规范作业的良好工作习惯。

【任务描述】

某客户新买了一辆吉利帝豪 EV450 轿车,在充电站充电时,出现了充电桩管理系统的故障,作为充电站的运维人员,你需要对充电桩故障进行分析并排除。你能完成任务吗?

【任务分析】

作为专业人员,你应该掌握 ESAM 故障常见原因、交易记录存储失败常见原因和平台注册校验不成功常见原因等方面的知识,能够对充电桩管理系统的故障进行分析,并排除充电桩管理系统的故障。

【任务实施】

1. 结合所学内容,填写表 5-3-1 中故障现象的常见原因。

表 5-3-1 故障现象及常见原因

序号	故障现象	常见原因
1	很抱歉,设备故障! 资产码 33401900000000322 故障代码:6	
2	很抱歉,设备故障! 资产码 33401900000000322 故障代码:7	
3	很抱歉,设备故障! 资产码 33401900000000322 故障代码:46	

2. 结合所学内容,填写表 5-3-2 中故障现象的处理方法。

表 5-3-2 故障现象及处理方法

序号	故障现象	处理方法
1	故障代码：6	
2	故障代码：7	
3	故障代码：46	

3.写出充电桩管理系统的常见故障原因。

【任务评价】

根据表 5-3-3 对本任务实施过程进行评价。

表 5-3-3 任务评价表

序号	检查项目	自我评价	小组评价	教师评价	备注
1	遵守安全操作规范（10分）				
2	态度端正，工作认真，按步骤操作（10分）				
3	任务1（10分）				
4	任务2（10分）				
5	任务3（20分）				
6	遵守纪律（10分）				
7	做好7S管理工作（10分）				
8	完成本工作任务单的全部内容（20分）				
	合计				
	总分				

【学习总结】

1. 请写出学习过程中的收获和遇到的问题。

2. 请对自己的作品进行评价并填写表 5-3-4。

表 5-3-4 项目过程考核评价表

班　　级		任务名称				
姓　　名		教　　师				
学　　期		评分日期				
评分内容（满分 100 分）			学生自评	组员互评	教师评价	
专业技能（60分）	任务完成进度（10分）					
	对理论知识的掌握程度（20分）					
	理论知识的应用能力（20分）					
	改进能力（10分）					
综合素养（40分）	按时打卡（10分）					
	信息获取的途径（10分）					
	按时完成学习及工作任务（10分）					
	团队合作精神（10分）					
总分						
综合得分（学生自评10%，组员互评10%，教师评价80%）						
学生签名：				教师签名：		